Befreiung für die Seele!

. . . erkenne dich selbst.

Bibliografische Information der Deutschen Nationalbibliothek:

Die Deutsche Nationalbibliothek verzeichnet diese Publikation in der Deutschen Nationalbibliografie; detaillierte bibliografische Daten sind im Internet über http://dnb.dnb.de abrufbar.

© 2017 Gerhard Jobs

Satz, Umschlag

Herstellung und Verlag: BoD – Books on Demand, Norderstedt

ISBN: 978-3-7431-4953-3

Gerhard Jobs

Befreiung für die Seele!

... erkenne dich selbst.

Inhalt

Bringen wir Farbe ins Bild!	8
Wende deinen Blick deinem Mitmenschen zu, –	9
Die Sängerin!	10
Erfolg!	12
Wohin führt Dich dein Weg?	13
Erfahrungen!	14
Zeit!	14
Der richtige Umgang mit der . . .	15
. . . glücklich sein!	17
Dein Leben muss nicht farblos sein.	17
Schöpfung!	17
Der Zauber des Morgens	18
Herzenswärme	20
. . . sind wir bereit?	20
Arroganz	20
Was darf man überhaupt noch sagen und tun?	21
Die Meinung anderer zufriedenzustellen ist wie –	23
Zeitdruck!	23
Vergeben! Vergessen!	24
Kein Leid?	26
Große ist, . . .	27
Der Wert Deines Tuns!	27
Erinnerungen an meine Jugendliebe	28
Liebe ist ein Wunder!	29
Erntedankfest	30
Von und in allem das richtige Maß!	31
. . . gehe stetig voran!	31
Bin ich ein Johannes?	32
. . . schon mit wenig kann man viel geben	33
„Im Märzen der Bauer . . .	34
Erntezeit!	35
Ostern	36

Er ist auferstanden!	37
Was gehört mir eigentlich? Nichts?	38
Urlaub	40
Du musst dich nur umschauen	41
Jede Zeit ist eine besondere Zeit	42
Hoffnung	44
Ehrlichkeit!	45
Bist Du ehrlich?	46
Menschen auf der Flucht.	47
Auf der Flucht!	48
Not	49
Bin ich allein?	50
Das besondere Vermächtnis!	51
. . . keiner ist größer als Er!	71
Geborgenheit	72
Ich bin noch einmal davongekommen!	73
Auf dem Weihnachtsmarkt	74
Die Weihnachtsbotschaft	75
Die Zeit danach!	76
Das Übungsfeld Familie ist schon etwas Besonderes	77
Staatsmänner sollten wie gute Mütter sein!	79
Wem kann man vertrauen?	79
Ein schönes Leben	80
. . . gib von deiner Kraft!	81
Ist das Leben so schwer?	81
Wer sagt dir, dass du Recht hast!?	82
Wer weiß, was da noch kommen mag?	83
Der, der nicht gemocht wurde!	84
Wer ist es, der da vor dir steht?	85
. . . jemanden kennenlernen	85
Warum das alles?	86
Oma ich liebe dich! Opa ich liebe dich!	87
Ja oder Nein?	90
Hast du schon so gefühlt oder gedacht?	91
Wer ist er ?	92

Kenntnisse besitzen, bedeutet auch Verpflichtung	92
Schönheit!	93
Willst Du siegen?	93
. . . einer mehr oder einer weniger,	93
Ratschläge!	94
Addition	94
Haben Sie noch Träume?	95
Warum erhört Gott uns nicht immer?	95
Was mir beim Warten alles so einfiel!	96
Was wird das Jahr 2017, oder	98

Vorab

Für Euch:

Diese Sammlung verschiedener Gedichte, Kurzgeschichten und Sinnsprüche ist im Besonderen meiner Familie, meinen Freunden und natürlich auch allen Menschen gewidmet, die nach Anregungen oder einer Anleitung zur Lösung verschiedener Situationen in ihrem täglichen Leben suchen. . . .
die sich mehr innere Sicherheit wünschen, sodass mehr Hoffnung in ihnen aufkeimt und sie mehr Lebensmut und Lebensfreude finden können.

Alles was . . .

uns ein tieferes Verstehen gibt, uns hilft, einander unsere Herzen zuzuwenden, unseren Mitmenschen als ein Kind Gottes zu sehen, ist auch heilsam für uns.
Ruhe und Geborgenheit finden wir in einem friedlichen Miteinander, wo jeder den anderen mit Respekt und Liebe begegnet.

Wir schaffen eine bessere Welt, wenn wir uns einbringen und vieles aus freien Stücken tun.
Wir brauchen einander, denn in der Gemeinschaft erhalten wir die besten Ideen und Anregungen und üben uns darin, einander besser zu verstehen.

Wenn meine kleinen Ausführungen dazu beitragen würden, diese Eigenschaften der Nächstenliebe, des friedlichen und so nötigen Miteinanders in uns Menschen zu stärken oder auch zu wecken, hat dieses kleine Buch seinen Zweck erfüllt.

Gerhard Jobs

Braunschweig d. 18.02.2017

Bringen wir Farbe ins Bild!

Wie herrlich ist es, wenn man sieht, wie in der Natur sich alles entwickelt. Die Farbe Grün wird immer stärker und bald wird sie über alles dominieren. Und wie schön ist es dann, wenn die Blumen ihre Blüten, die schönen leuchtenden Tupfer, in den grünen Untergrund setzen. Sie heben sich deutlich ab und geben dem Gesamtbild seine besondere Note.

Auch für uns Menschen ist es gut, ein besonderer Punkt in der Masse zu sein, besondere Signale auszusenden. Auf sie blickt man, sie werden wahrgenommen, sie regen zum Nachdenken an. Somit kann es sein, dass sie Veränderungen bewirken. Sie können helfen, das Gesamtbild der Menschen schöner zu machen. Somit helfen Sie, die blassen Stellen in der Gesellschaft, von Menschen hervorgerufen, die nur sich kennen und die die Redlichkeit des Menschen infrage stellen, vielleicht ein wenig zu kompensieren. Sodass man hilft, die oft erdrückenden Nachrichten und die schlechten Verhaltensweisen, die nach und nach enthüllt und uns aufzeigen werden, besser zu ertragen. Lassen Sie uns zu den Menschen gehören, die sich ihrer Verantwortung bewusst sind und ein Beispiel zu Guten geben. Vielleicht gelingt es uns wenigstens ein wenig durch unsere" Farbe", dass das Gesamtbild „Mensch" sich ein wenig mehr wieder zu betrachten lohnt.

Ja es gibt sie, sie wirken im Stillen und man muss schon genauer hinschauen, um sie zu entdecken. Wenn man genauer hinschaut, vielleicht sogar sucht, kann man ihre schönen" Farben" erkennen. Schön wäre es, wenn es mehr davon geben würde, – doch dafür muss sich jeder selbst entscheiden.

Gerhard Jobs
Braunschweig 12. 04. 2016

Wende deinen Blick deinem Mitmenschen zu,
– vielleicht braucht er dich.

Einsamkeit kann dich am Leben verzweifeln lassen, zumindest macht sie dich traurig, wenn nicht sogar depressiv.
Ein aufmerksames Zuhören, ein freundliches Wort, ein geschenktes Lächeln, eine zarte Berührung, wenn erlaubt, lässt die Einsamkeit schwinden.
Sei du für deine Mitmenschen derjenige, der hilft, sie von ihrer Einsamkeit zu befreien.

Gerhard Jobs
Braunschweig 12. 10. 2016

Die Sängerin!

Ich stand mitten in der Menge und war von ihrem Konzert begeistert, irgendwie beneidete ich sie: "Die kann doch eigentlich haben was sie will, bei dem Erfolg."

Noch einmal brandete der Applaus auf, Plakate mit ihrem Namen wurden geschwenkt, Rufe mit dem Wunsch nach einer Zugabe wurde immer lauter. Sie verneigte sich, sagte Danke zu Ihren treuen Fans, und kündigte eine weitere Zugabe an. Dann noch einmal ein letztes Winken zu ihren Bewunderern und schnellen Schrittes zog sie sich hinter die Bühne zurück.

Sie saß in ihrer Garderobe, hatte die Augen geschlossen und ließ für ein, zwei Minuten die Eindrücke des Abends auf sich einwirken. Ja, sie hatte Erfolg, es war ein gutes Konzert, bestimmt waren ihre Fans zufrieden. Es lag jetzt erst einmal noch der verbleibende Rest des Abends und eine Nacht vor ihr. Was dann weiter zu geschehen hat, wird der Terminkalender ihr schon vorgeben.

Ihr Privatleben war gut abgeschirmt, keiner wusste genau, wo sie sich aufhielt, sie war mit sich selbst allein. Es gab viele Verehrer, auch etliche, die sich in ihrem Erfolg gerne gesonnt hätten, – doch wirkliche Freunde oder gar Menschen, von denen sie sagen könnte, sie lieben mich wirklich, mich, als Eleonora Reichelt, die gab es zurzeit nicht. Immer unterwegs, von Auftritt zu Auftritt, in der Regel gut bewacht und doch von Reportern bedrängt. Selbst im privaten Bereich war sie sich nie ganz sicher, ob man sie vielleicht nicht doch beobachtete. Ja, alles hat zwei Seiten, auch Erfolg hat seinen Preis. Da kann man schon einmal ein einfaches, hübsches, unbekanntes Mädchen beneiden. Dass sich einfach frei bewegen und ungezwungen Menschen kennenlernen kann. Menschen, die einen lieben, so wie man ist. Nicht so wie bei mir, dass nur das geliebt wird, was ich darbiete und zur Schau stelle.

Auf dem Nachhauseweg, nach dem Konzert, stellte ich mir vor, wie Sie bestimmt von ihren Fans umlagert war, jeder wollte die Gelegenheit haben, in ihrer Nähe zu sein. Sie wurde bestimmt umworben und geliebt. Sie war sicherlich sehr, sehr glücklich. Doch oft kennt man die Wahrheit, das, was wirklich im Leben geschieht, erst später oder überhaupt nicht.

Schon nach einigen Jahren standen andere Sänger und Sängerinnen in der Gunst des Publikums und hatten ihre Fans. Auch ich hatte andere Sänger und Sängerinnen ebenfalls schätzen gelernt.
An einem Abend hatte ich mir wieder eine CD von Eleonora Reichelt aufgelegt. Von ihr hatte man länger nichts mehr gehört. Ich dachte bei mir: "Ob sie je glücklich geworden ist?
Davon, dass sie je geheiratet hat, habe ich nie etwas gehört. Ob sie sich irgendwie mit ihrem Leben oder den Menschen um sich herum arrangiert hat, wer weiß das schon? Vielleicht hat sich ja jemand gefunden, der sie wirklich liebt, der sie als Mensch erkannt hat, - wenigstens jetzt?"
Mir wurde klar, dass man lernen muss, mit seinem Leben, in seiner persönlichen Situation, sich zurechtzufinden. Ich begriff, dass ich glücklich sein darf mit meinem Leben, in der Situation, in der ich mich gerade befinde. Und das Glück und Erfolg ein flüchtiges Gut sind. Mir wurde bewusst:

Du musst in jedem Augenblick versuchen, zufrieden zu sein, dein Glück zu finden. Dankbar zu sein für das Alltägliche, für deine Familie, deine Freunde, für weitere Menschen in deinem Leben. Schon die einfachen Dinge wie ein gutes Zuhause, Speise und Kleidung, und auch liebe Menschen in deiner Nähe, dein Glaube an das Gute, sollten dir viel bedeuten.

Gerhard Jobs
Braunschweig 16. 11.2016

Erfolg!

Der Erfolg, den du hast, wird dich sicher erfreuen, kann dich bekannt und beliebt machen, vielleicht sogar reich. Und du bist in der Lage viel Gutes zu tun.
Der Erfolg, den du hast, kann dich veranlassen dich über andere zu stellen, dich blind machen für die wirklichen Werte im Leben.
Auch wenn dir viele zujubeln, bleibe nüchtern und sachlich, einer von ihnen, dann wirst du nach Jahren noch nicht vergessen sein.

Gerhard Jobs
Braunschweig 16. 11.2016

Wohin führt Dich dein Weg?

Ein Ziel, das wir anstreben, gibt unseren Schritten, unserem Weg die Richtung.
Zuerst muss man also das richtige Ziel finden und dann sich darauf zubewegen.
Wir sehen daran, wie wichtig es ist, das richtige Ziel zu finden. Zu wissen, was man erreichen möchte, was wirklich von Wert ist, eröffnet einem eine gute Zukunft. Dazu ist es notwendig, sich die Wege anderer anzuschauen und zu sehen, wohin diese sie geführt haben. Etliches kann man auch aus der Geschichte, dem was vor uns geschehen ist, lernen. Je mehr Intelligenz und Weisheit und Mitmenschlichkeit jemand erlangt, um so besser war auch sein Ziel und um so beharrlicher ist er den Weg gegangen.
Welches wären denn lohnende Ziele? Vielleicht: Gesundheit, ein gutes Miteinander, Frieden, ein gewisser Wohlstand, eine gute Zuversicht für das, was uns nach dem Erdenleben erwartet? Was meinst Du, bei wem ist die meiste Weisheit zu finden? Wer hat die größte Macht? Wessen Aussagen, wessen Ratschläge, wessen Lebensweise wären die, denen es sich wirklich lohnt nachzueifern? Wer hat wirklich große Nächstenliebe?
Ich bin sicher, auch Dir fällt dieser besondere Name ein. Auch Du hast von dieser Person gehört, denn niemand kann ohne **Ihn** wirklich erfolgreich sein.

Gerhard Jobs
Braunschweig den 05.10.2016

Erfahrungen!

Jede Erfahrung, die du machst, wie auch jede Information,
die du erhältst, kann dir deinen Blickwinkel erweitern.
Darum sehe in jeder Erfahrung, die du machst und auch
in jeder Information, die du erhältst, eine Chance.

Gerhard Jobs
Braunschweig den 08.09.2016

Zeit!

Die Gegenwart ist die wichtigste Zeit!
Ohne sie gäbe es keine Vergangenheit
und auch keine Zukunft.
. . . sie zeigt auf, wer Du jetzt bist.
Auch deutet sie an, was eventuell
aus Dir in der Zukunft werden kann.

Gerhard Jobs
Braunschweig den 16.11.2016

Der richtige Umgang mit der uns zur Verfügung stehenden Zeit und einiges mehr.

Haben sie schon einmal bemerkt, dass ihnen die Zeit davonläuft? Dass sie selbst bei schneller, gut strukturierter, konzentrierter Arbeitsweise ihre Ziele nicht erreicht haben? Und dies sogar bei ihrer Meinung nach gut geplanter Arbeitsweise? Wiederholt haben sie sich vielleicht gefragt: Wie kann ich noch konzentrierter, planvoller, schneller, effektiver bei der Ausführung meiner Arbeit sein?
Ja, es ist gut alles beachtet zu haben, was einem verspricht, erfolgreich zu sein. Und doch sollte man dabei Weiteres mit bedenken:
Ich habe bei mir selbst festgestellt, dass ich mich selten gefragt habe: Muss ich das alles selber machen? Kann ich die Arbeit delegieren? Bin nur ich dazu fähig? Zu oft habe ich mich selbst dabei unter Zeitdruck gesetzt, weil ich anderen die Arbeit nicht zugetraut hatte.
Ich erwartete eine Arbeitsausführung, die in dieser Qualität vielleicht überhaupt nicht sein musste. Habe ich mich in eigene Marotten verstiegen, dachte, nur so darf die Ausführung sein? Habe ich in einigen Fällen sogar die Erzeugung des Produkts, die Entwicklung neuer Ideen, nur mir zugetraut? Mein Können über das meiner Mitmenschen, meiner mir anvertrauten Mitarbeiter gestellt? Vielleicht hätte ich meine Kraft mehr auf die Förderung der Menschen in meiner Nähe, den mir anvertrauten Mitarbeitern, die mit mir an der Ausführung der gesamten Arbeit beteiligt waren, legen sollen. Sie damit vielleicht sogar motiviert?
Ein Großteil der Arbeitskraft geht verloren, weil Menschen innerlich gekündigt haben. Sie können sich nicht mehr mit der

zu verrichtenden Arbeit, schon gar nicht mit dem Unternehmen, dem Verein etc. in dem sie sich befinden, identifizieren.
Noch zwei wichtige Hinweise:
Ein Lob, welches man ausspricht, muss ehrlich gemeint sein. Menschen merken recht bald, ob man ihnen nur aus strategischen also taktischen Gründen ein Lob ausspricht. Abgesehen davon, dass man dann kein ehrlicher Mensch ist, wenn man eine Anerkennung nur vortäuscht.
Auch bei einem Vertragsabschluss sollte jeder ein Gewinner sein. Dann sind es gute und lang andauernde Geschäftsbeziehungen. Ehrlichkeit und Mitmenschlichkeit führen zum Erfolg.
Übrigens gilt dieses sowohl für geschäftliche - als auch für private Beziehungen.

Lehre und Bündnisse

82:19. Ein jeder soll auf den Vorteil seines Nächsten bedacht sein und bei allem, was er tut, das Auge nur auf die Herrlichkeit Gottes richten.

Gerhard Jobs
Braunschweig 19. 10.2016

... glücklich sein!

Willst Du glücklich sein, musst Du andere glücklich machen, denn das, was Du aussendest, kehrt in Dein eigenes Herz zurück.

Gerhard Jobs
Braunschweig 27. 06.2014

Dein Leben muss nicht farblos sein.

Scheint Dir alles um Dich herum so farblos, so grau, so kann doch in Dir ein Rosengarten blühen, wenn Du die richtige Einstellung zum Leben hast!

Gerhard Jobs
Braunschweig 30. 06.2014

Schöpfung!

Wie herrlich, wie großartig ist Gottes Schöpfung,
... kannst Du, kann irgendeiner auch nur das Kleinste von ihr erschaffen?

Gerhard Jobs
Braunschweig 13. 07.2014

Der Zauber des Morgens

(Menschen sind unterschiedlich)
(ein Gedicht im Gedicht)

Geweckt durch der Vögel Gesang und durch der Sonne erste Strahlen, begrüßt mich ein herrlicher Morgen.

Geweckt durch der Vögel Geschrei, durch der Sonne viel zu grelle Strahlen, belästigt mich nach einer viel zu kurzen Nacht, ein neuer grausiger Morgen.

Ein Dank an meinen, an unser aller Schöpfer, für einen neuen Tag, er, beginnt für mich ohne besondere Sorgen.

Wem sollt ich schon danken für solch einen Tag, fühle mich fast krank, es beginnt halt alles mit den üblichen Sorgen.

Auf geht`s, der neue Tag ist endlich da, schwungvoll enteile ich meinem nächtlichen Lager.

Auf muss ich, ein neuer Tag ist da, mühsam enteile ich dem nächtlichen Lager.

Nachdem ich mich frisch gemacht im Bad, noch einen Blick in den Spiegel. Gut, gerade richtig, nicht zu dick, auch nicht zu mager.

Nach dem Versuch mich frischzumachen im Bad, noch einen Blick in den Spiegel. Na ja, gerade noch so, schon ein wenig zu dick, bestimmt nicht zu mager.

Der Tisch ist gedeckt, ich rieche den Duft der leckeren, mich stärkenden Speisen.

Auf meinem Tisch steht gar nichts, da gibt es keinen Duft von leckeren Speisen.

Schön ist es nicht allein zu sein, bin umgeben von Menschen, die mir Liebe erweisen.

Ich bin allein, alles muss man selber tun, ich esse ein Stück Brot im Gehen und denke mir: "Es braucht mir keiner Liebe zu erweisen!"

An der Bushaltestelle wünscht man mir: "Einen guten Morgen" mit freundlicher Stimme.

An der Bushaltestelle quatscht mich jemand an und wünscht mir: "Einen guten Morgen", auch noch mit freundlicher Stimme.

"Danke, auch ich wünsche Ihnen einen guten, zauberhaften Morgen. Bis demnächst, in diesem Sinne."

Was soll das, denke ich bei mir. "Wer kennt schon meine Gefühle am frühen Morgen? Seid mir bloß stille, auf dass ich nicht zornig werde und ergrimme!"

Jeder gestaltet sich überwiegend mit seiner Einstellung und Lebensart seinen "Zauber des Morgens" selbst.

Gerhard Jobs
Radolfzell 15.06.2016

Herzenswärme

Herzenswärme strahlt von innen nach außen,
du selbst aber muss sie entfachen.
Und bald merkst du, dass Menschen deine Nähe suchen,
denn" Kälte im Leben" gibt es überall genug.

Gerhard Jobs
Braunschweig 13. 07.2014

... sind wir bereit?

Wenn wir bereit sind, einander mehr Liebe zu erweisen,
beginnen wir, eine bessere Welt zu schaffen.

Gerhard Jobs
Cala Ferrea am 10.07.2016

Arroganz

Die Arroganz ist der beste Zerstörer menschlicher Beziehungen
und sie sorgt dafür, dass man unbeliebt und einsam ist.

Gerhard Jobs
Cala Ferrea am 10.07.2016

Was darf man überhaupt noch sagen und tun?

Wir alle kennen den Spruch, der sinngemäß lautet: "Allen Menschen es recht zu machen ist eine Kunst, die noch keinem gelungen ist". Sicher soll man sich so verhalten, dass andere Menschen an dem was wir tun oder sagen und an unserem Verhalten, das wir an den Tag legen, nicht Anstoß nehmen sollen oder müssen. Doch wird es sich nicht vermeiden lassen, dass man uns gelegentlich nicht versteht. Dass man uns eventuell kritisieren wird und vielleicht sogar von uns enttäuscht ist. Bloß, was will man tun? Äußert man sich erfreut über etwas, was einem gut gelungen ist, wird man leicht als Angeber verstanden. Ist man kaum zu bewegen, etwas sagen, ist man ein wenig verschlossen, meinen einige Menschen man sei stolz, man rede ja nicht mit jedem. Wenn man zum Ausdruck bringt, dass man sich über seine Familie freut, kann es, wird es bestimmt passieren, dass jemand zur Zeit unglücklich ist, weil er keine Familie hat oder zurzeit Probleme in der Familie hat, – und wieder liegst du daneben. Sagst du etwas Positives, kann es Neid auslösen. Falls du etwas erwähnst, was negativ ist oder etwas dich traurig macht, wird dir leicht unterstellt, dass du auf Mitleidsbekundungen aus bist. Wie schon gesagt, alles was du tust und sagst, kann missverstanden werden, denn es gibt zu viele Seiten einer Sache.

Hierzu eine wunderbare Geschichte, die nicht von mir ist, die ich im Internet gefunden habe. Sie gibt es in verschiedenen Varianten und ist im Internet zu finden, sie lautet etwa so:

Ein Mann reitet auf einem Esel, und er wird von seinem Sohn, der daneben geht, begleitet. Da dringen folgende Worte an sein

Ohr: "Das ist unglaublich, der Vater sitzt auf dem Esel und seinen Sohn lässt der neben sich herlaufen." Dies bewegt den Mann und er steigt ab, hebt seinen Sohn auf den Esel und geht selbst nebenher. Es dauert nicht lange, da vernimmt er: "Ich kann es nicht glauben, der Junge auf dem Esel und der alte Mann muss daneben laufen!" Jetzt steigt der Vater zu seinem Sohn auf den Esel und beide freuen sich. Wiederum dauert es nicht lange und man kann folgendes hören: "Unglaublich, dass Menschen ein Tier so quälen können; zu zweit auf so einem doch so kleinen Esel, das grenzt an Tierquälerei." Dies macht den Vater nachdenklich und er steigt zusammen mit seinen Sohn wieder von dem Esel herab. Dafür hört der Vater Gelächter neben sich und vernimmt folgende Worte: Wie dumm muss man sein, sie führen beide einen Esel und laufen nebenher, wozu ist denn ein Esel da? – Das ist ja unglaublich!"

Der einzige, der wirklich unbeirrt seinen Weg geht, ist der Esel. Manchmal ist es besser, ein Esel zu sein und unbeirrt seinen Weg zu gehen, sich dabei aber zu prüfen, ob das, was man macht, recht ist.

Haben wir Mut, dass das, was wir meinen, was gut ist, wie auch unsere Gefühle, auch wenn wir davon ausgehen müssen, dass sie missverstanden werden, gesagt werden können. Sonst darf man gar nichts mehr sagen, und es gäbe kaum noch eine Unterhaltung. Seien aber auch wir dazu bereit, zu akzeptieren, dass auch andere ihre Gefühle und Empfindungen äußern und ihr gut gemeintes Handeln zum Ausdruck bringen.

Gerhard Jobs
Braunschweig den 04.11.2016

Die Meinung anderer zufriedenzustellen ist wie –

als wollte man sich vierteilen, um jedem etwas von sich zu geben und doch kann man es keinem rechtmachen.

. . . wer will nur ein Viertel?

Gerhard Jobs
Braunschweig den 21.01.2017

Zeitdruck!

Den Zeitdruck fühlt besonders der, der nicht glaubt, Zeit zu haben. Die Situation, in der man sich befindet, lässt einen die Zeit erst fühlen. Denn Zeit ist nicht anfassbar und auch nicht fühlbar. So wie du auf die Umstände reagierst, fühlst du die Zeit.

. . . es gibt Menschen, die scheinen kein Zeitgefühl zu haben.

Gerhard Jobs
Braunschweig den 21.01.2017

Vergeben! Vergessen!

Des Öfteren im Leben kommt es vor, dass man seinen Mitmenschen vergeben muss. Wohl jeder kann aus Erfahrung sagen, dass ihm in seinem Leben das Vergeben, je nachdem wie tief es einen getroffen hat, schwergefallen ist.
Es kann schon eine Weile dauern, bis man den inneren Schmerz, den diese Verletzung angerichtet hat, überwunden hat. Und ist dann der Vorfall auch vergessen?
Wie oft hat man Menschen schon sagen hören: "Ich kann dir vergeben, aber ob ich das vergessen kann, das kann ich dir nicht versprechen." Ist nicht eine Vergebung erst dann vollendet, wenn ich auch vergessen will?
Kann man überhaupt vergeben, wenn man nicht vergessen kann? Oder ist es nicht so, wenn man vielleicht von derselben Person wiederum gekränkt worden ist, dass wir uns des alten Vorfalls erinnern? Und wir zu dem neuen Vorfall die alte Kränkung hinzufügen?
Außerdem, was haben wir davon, wenn wir uns gekränkt fühlen? Den dadurch entstandenen Schmerz immer und immer im Gedächtnis behalten? Hilft uns das? Zerstört uns das nicht unsere innere Ruhe? Oder haben wir uns schon daran gewöhnt, in einer ständig leidenden Rolle leben zu wollen? Anderen unser Leid zu klagen? Vielleicht Zuspruch für unser Empfinden zu erlangen? Unser Leid für uns zu einer Lebensaufgabe zu machen? Das würde uns viel Zeit für andere Unternehmungen und für unsere Entwicklung nehmen.
Ja es ist notwendig, dass man sich Zeit nimmt, mit sich selbst und dem anderen ins Reine zu kommen.
Ideal ist es, wenn man mit dem, der einen gekränkt hat, sich persönlich aussprechen kann. Ihm von der Verletzung, die er einem angetan hat, und die dadurch entstandenen Gefühle, mitteilen kann. Auch um ihm die Gelegenheit zu geben, sich für

sein Verhalten entschuldigen zu können und somit die Basis für ein Vergeben zu schaffen.

Ist die andere Seite, die einen verletzt hat, zu einer Aussprache nicht bereit, fühlt sie sich vielleicht sogar im Recht und setzt noch einen drauf, was dann?

Ein Rat von mir: "Wenden Sie sich an den, der wirklich heilen kann, der das Vergeben und Vergessen möglich macht. Er ist es, auf den wir alle Sorgen legen können. Er ist der, der auf Golgata bezahlt hat. Jesus Christus, unser Retter und Erlöser.

Der Herr und Heiland zeigt uns durch sein Beispiel, dass Vergeben und Vergessen möglich sind.

Auch uns hat er zugesichert, wenn wir von unseren Fehlern umkehren, dass er uns vergibt und er sich ihrer nicht mehr erinnert.

Siehe Hebräer, Kapitel 8:12. "Denn ich verzeihe ihnen ihre Schuld, und an ihre Sünden denke ich nicht mehr."

Ja, wenn wir diese für uns schwere Last auf ihn legen, werden wir innere Ruhe erlangen und mit seiner Hilfe die Kraft erhalten, um zu vergeben, sogar zu vergessen.

Gerhard Jobs
Braunschweig den 12.08.2016

Kein Leid?

Keiner leidet wirklich gern,
dies kann doch jeder gut versteh`n.
Kummer und Leid bleibe mir möglichst fern,
ohne euch ist das Leben doch besonders angenehm und schön.
- oder habe ich dabei etwas überseh`n?

Sorgen und Schmerzen, die brauch ich nun wirklich nicht,
darauf kann ich sehr gut verzichten.
Oder gibt es da noch eine andere Sicht?
Brauche ich mehr, um mich zu einem guten Mitmenschen aufzurichten?
- vielleicht sollte meinen Blick mehr himmelwärts ich richten?

Braucht ich für mein Wohlergehen, eine gewisse Menge Leid?
Vielleicht hätte ich nur mich gesehen, alles nur auf mich bezogen?
Nie die Sorgen anderer verstanden. Stände ich zum Dienst für sie bereit?
Mich um den anderen gekümmert, ihm zu helfen je erwogen?
- nur mit mir selbst mich beschäftigt, um meine beste Entwicklung mich betrogen?

Fortschritt, Entwicklung geht bekanntlich, viel besser mit anderen Menschen, mit zwei, oder drei,
mit vielen anderen, mit deinen und deren Ideen, mit unser aller Freud und Leid.
Diese Erkenntnisse machen uns für Größeres bereit und von Egoismus frei.
Dann bist du, sind wir für unsere höhere Bestimmung als Menschen erst bereit.
- es ist gut, dass Gegensätze uns begleiten, uns formen, dann erwartet uns eine bessere, eine segensreiche Zeit.

Gerhard Jobs
Braunschweig d.16.09.2016

Größe ist, . . .

Größe ist, Größeres, als man selbst glaubt zu sein, zuzulassen. Zu begreifen, dass jeder seinen Meister findet. Es gibt immer einen der größer ist als man selbst. Wohl dem, der schon seinen Meister gefunden hat. Diesen einen, der uns gerne an die Hand nehmen möchte, der uns auf sicheren Pfaden in eine gute Zukunft führen will.

Gerhard Jobs
Braunschweig den 11.11.2016

Der Wert Deines Tuns!

Wenn das, was du tust und anstrebst, dich nicht in eine gute Zukunft, zu einer ewige Zukunft führt, ist es nur eine kurze Episode deines Hierseins.

Gerhard Jobs
Braunschweig den 25.04.2016

Erinnerungen an meine Jugendliebe

(die Zeit scheint still zu stehen)

Sie war so anmutig, ihre Figur war einfach zauberhaft, ihre blauen Augen strahlen wie Sterne,
ihr blondes Haar war für mich wie reines Gold, trotz alledem, liegt ihre Nähe für mich in weiter Ferne.

Wenn ich die Augen schließe, sehe ich sie vor mir, sie ist so schlank, trägt ein weißes Kleid und blickt mich fragend an.
Fragt aber nichts, schaut nur, als wollte sie sagen: "Trau dich doch, komm doch etwas näher heran."

Nein, getraut habe ich mich nicht, nur ihre Nähe erhofft, selbst aus der Ferne war sie mir nah.
Obwohl sie nie wirklich in meiner Nähe war, war sie doch in meinen Gedanken, für mich immer da.

Gelegentlich kam es doch schon einmal vor, dass wir einen Teil des Schulweges gemeinsam gingen.
Daran erinnere ich mich und mir war es so und auch jetzt ist es so, als würden Liebeslieder erklingen.

Ich glaube ich fange an zu träumen, die alten Zeiten holen mich wieder ein - doch das ist schön.
Wäre ich zehn Jahre jünger, so könnte ich, genau wie damals noch einmal zur Schule geh`n.

Schön ist es, dass man noch träumen kann, dass Erinnerungen uns die alten Zeiten noch einmal erleben lassen.
Sehr gern hätte ich sie noch einmal auf dem Schulweg begleitet und mich von ihrem Charme verzaubern lassen.

Das alles war einmal und doch ist nichts davon vergessen,
den Wert davon kann nur der, der wirklich liebt, voll und ganz
ermessen.

Gerhard Jobs
Braunschweig den 04.11.2016

Liebe ist ein Wunder!

Liebe, wer kann dieses Wunder erklären? Warum zwei Herzen zueinanderfinden (gefunden haben), kann man nicht erklären. Doch das, was sie nun fühlen, das können sie deutlich wahrnehmen. Nicht immer kann man alles erklären, manchmal ist es gut, es nur zuzulassen!

Gerhard Jobs
Braunschweig den 03.12.2016

Erntedankfest

Es gab Zeiten, da wurde noch das Erntedankfest gefeiert.
Dies fand, findet gelegentlich noch, am ersten Sonntag im
Oktober statt. Da wurden Feldfrüchte, Getreide, Obst wie zum
Beispiel Weizen, Roggen, Kartoffeln, Kürbisse, Gurken,
Karotten et cetera schön zusammengestellt auf einem
Gabentisch zum Beispiel in Kirchen zum Betrachten dekorativ
aufgestellt oder ausgelegt.
Es wurde die Gelegenheit genutzt, sich bei unserem Schöpfer,
für die Ernte, die uns ein Überleben ermöglicht, zu bedanken.
Dieses wurde nicht immer so und auch nicht überall so gesehen.
Es waren auch Transparente im damaligen Osten Deutschlands
zu lesen, die Gott keinen Raum für sein Geschenk einer Ernte an
uns, einräumte.
Zu lesen war:

" - ohne Gott und Sonnenschein bringen wir die Ernte ein - "

Ja, für immer mehr Menschen hat Gott keine Bedeutung mehr.
Auch lässt das Alltagsleben uns nicht allzu viel Zeit mehr, uns
mit Natur und Schöpfung zu befassen. Der normale Bürger hat
kaum noch einen festen Bezug zur Landwirtschaft. Er kann ja
fast alles, was er braucht und wünscht, zu jeder Jahreszeit in
einem der Geschäfte kaufen. Damit ist der Bezug zur Ernte
verloren gegangen.
Wir sehen, dass der Bezug zur Natur, somit auch unsere
Abhängigkeit von ihr, für uns mehrheitlich in Städten lebenden
Menschen, kaum noch vorhanden ist.
Vielleicht gibt es irgendwann ein Aldi, Penny, Rewe, Netto,
Edeka, E-kauf . . . . , "Erntedankfest", nein, - ein
Belieferungsfest.

Gerhard Jobs
Braunschweig den 02.11.2016

Von und in allem das richtige Maß!

Zu viel Sonne, zu viel Regen, zu viel Einsamkeit, zu viel Liebe, zu viel Erfolg, etc.

... kann verbrennen oder austrocknen, überschwemmen, dir den Lebensmut nehmen, dich erdrücken, dir ein falschen Selbstbild vermitteln, etc.

Gerhard Jobs
Braunschweig 17. 06.2016

... gehe stetig voran!

Viele kleine Schritte bringen dich auch sicher zum Ziel,

du musst dich nur auf den Weg machen.

Gerhard Jobs
Braunschweig 09. 08.2016

Bin ich ein Johannes?

Ist es nicht schön, wenn vor uns ein guter, gerader Weg liegt? Irgendwie brauchen wir doch alle einen Wegbereiter. Es beginnt schon damit, dass eine Mutter durch ihre Schwangerschaft, wie aber auch später durch ihre begleitende Erziehung beim Erwachsenwerden eines Kindes für seine Entwicklung ein Wegbereiter ist.
Ist nicht jede Generation für die nächste Generation ein Wegbereiter? In einigen Fällen kann auch ein guter Freund, schlichtweg ein Mitmensch für einen anderen ein Wegbereiter sein. Kann nicht auch die Entwicklung, die ich nehme, sei es durch meinen beruflichen Werdegang, meine Charakterentwicklung, meine finanziellen Möglichkeiten, meine Vorlieben, die ich habe, wenn ich sie mit anderen teile, dieses für Menschen ein Wegbereiter sein? Wie vielfältig ist doch das, was dies alles bewirken kann! Und wie viel Verantwortung tragen wir also mit unserer Entwicklung? Ein Wegbereiter wird hoch geschätzt, dies können wir schon in der Heiligen Schrift lesen, als Jesus sich lobend über Johannes äußerte:

Das Urteil Jesu über den Täufer

Matthäus 11:

7 Als sie gegangen waren, begann Jesus zu der Menge über Johannes zu reden; er sagte: Was habt ihr denn sehen wollen, als ihr in die Wüste hinausgegangen seid? Ein Schilfrohr, das im Wind schwankt?

10. Er ist der, von dem es in der Schrift heißt: Ich sende meinen Boten vor dir her; er soll den Weg für dich bahnen.

Wie immer stellt sich auch für uns die Frage: Für wen bin ich ein Wegbereiter? Bin ich ein guter Wegbereiter, der seinem Nachfolger einen gut begehbaren Weg geebnet hat? Irgendwie sind wir doch alle Wegbereiter und somit haben wir auch ein gewisses Maß an Verantwortung für die Menschen, die nach uns kommen.

Gerhard Jobs
Braunschweig 12. 04.2016

... schon mit wenig kann man viel geben.

Wann haben Sie das letzte Mal einem ihrer Mitmenschen Ihr Ohr geliehen?

... und bestimmt wissen auch Sie, wie gut das tut, wenn Ihnen jemand zuhört!

Gerhard Jobs
Braunschweig 12. 04.2016

„Im Märzen der Bauer die Rösslein an(ein)spannt"

Wir sind es gewohnt aus dem Vollen zu schöpfen, immer muss alles da sein, dies möglichst schnell und bei guter Qualität. Doch was uns als Selbstverständlichkeit erscheint, muss nicht selbstverständlich sein. Sind wir sicher, dass es in diesem Jahr wieder eine Ernte geben wird? Nehmen wir das nicht ein bisschen für zu selbstverständlich hin? Und dankbar dafür sind wir, wenn wir einmal ehrlich sind, schon gar nicht.
Überhaupt neigen wir Menschen sehr oft dazu, vieles, als selbstverständlich hinzunehmen. Und geben dem, der uns all dies ermöglicht, kaum Ehre und Anerkennung.

Wer dankt schon seinem Schöpfer? Wer erkennt seine Größe schon an? Wann begreifen wir, dass wir nicht der Nabel der Welt sind!

Ich weiß nicht, wie lange der Herr, unser Schöpfer, sich diese Undankbarkeit gefallen lassen wird? Aber es gab schon Zeiten, wo der Herr seinen undankbaren Kindern gezeigt hat, wer der Herr über die Natur, und somit auch über die so scheinbar sicheren Abläufe ist.
Viele Menschen neigen dazu, vieles einfach so hinzunehmen, ohne sich über die Mühen, Sorgen oder Entbehrungen anderer Gedanken zu machen. Denen dankbar zu sein, die dieses für uns so Notwendige erst möglich machen.
Ein bisschen mehr das Gesamte sehen und dabei erkennen, wer daran beteiligt ist bzw. wem wir es letztlich zu verdanken haben, würde uns gut tun. Dankbarkeit und dann noch ein wenig mehr Demut würde uns Menschen gut anstehen.
Natürlich kann man Demut nicht verordnen, jeder muss sich dies erst einmal bewusst machen, sich selber disziplinieren.

Es lohnt sich nicht, alles als selbstverständlich hinzunehmen, sondern dem Beachtung und Anerkennung zu schenken, der sie wirklich verdient hat.

Gerhard Jobs
Braunschweig den 08.03.2016

Erntezeit!

Jetzt wirst Du belohnt für all Dein Tun, für alle Deine Bemühungen.

Das Ergebnis sagt viel über Dich aus.

Gerhard Jobs
Braunschweig 30.09.2016

Ostern

Ostern sollte uns mehr bedeuten, als nur Ostereier anmalen und einzusammeln!

Doch leider ist für viele Menschen darüber hinaus nicht mehr viel geblieben. Wer erlebt bewusst die Karwoche?

Der Einzug in Jerusalem. Das Abendmahl. Die qualvolle Zeit im Garten Getsemani. Das Verhör vor den geistlichen Führern der Juden. Die Demütigung durch die römischen Soldaten. Die feige Auslieferung durch Pilatus. Der mühsame Weg zur Schädelstätte. Die Kreuzigung.

Dann aber die glorreiche Auferstehung unseres Herrn und Heilands und somit der Beweis, dass der Tod überwunden ist, dass wir alle eine Hoffnung auf eine Auferstehung haben.

Ich möchte mit einem der von mir erstellten und mir wertvollen Spruch ein Fazit ziehen:

Durch die Geburt dieses einen besonderen Kindes hat Gott der Menschheit die Tür zu ewigem Leben geöffnet, ihr die Errettung ermöglicht.

Gerhard Jobs
Braunschweig den 25.03.2016

Er ist auferstanden!

Er ist auferstanden, der Tod ist nun besiegt, der "Lebenszeit" ist kein Ende mehr bestimmt.
Der Mensch wird sich aus dem Staub erheben, sein Leben wird für immer und ewig sein.
Seine Entwicklung, seine Freude, seine Möglichkeiten, sind nun endlos, und ist es nicht das, was er gern vernimmt?
Er, der Gottessohn hat es vollbracht, mir das Leben geschenkt,
– für ihn war ich niemals unbedeutend und klein.

Ich kann zwar keinem das ewige Leben schenken,
doch Gutes tun, das kann ich allemal.
Werde ich dieser, seiner so großen Tat, immer gedenken?
Und mich bemühen, meinem Nächsten eine Hilfe zu sein und ihn zu befreien aus seiner Qual?

– zu mindestens so kann ich **Ihm** meine Dankbarkeit zeigen.

Gerhard Jobs
Braunschweig d.24.01.2017

Was gehört mir eigentlich? Nichts?

Wenn ich so über mein Leben nachdenke, erkenne ich immer deutlicher, dass ich nur vorübergehend etwas als mein Eigen benennen kann. Nackt bin ich auf die Welt gekommen, nackt werde ich von dieser Welt gehen. Und in der Zeit dazwischen darf ich für diese begrenzte Zeit einiges benutzen, vielleicht sogar mein Eigen nennen. Wer dieses dann später benutzt oder vielleicht auch sein Eigen nennt, soweit es noch gut genug ist und das Interesse eines anderen gefunden hat, das weiß ich nicht. Alles Materielle bleibt auf dieser Erde zurück. Ähnlich wie in einem großen Sandkasten. Ein Kind spielt im Sand, bis es nach Hause geht und schon steht der Sand einem anderen Kind zur Verfügung. Dies gilt, wenn man nur diese Erdenzeit als die einzige Lebenszeit eines Menschen annimmt, als der natürliche Kreislauf des Lebens. Verlässt man diesen Gedanken und glaubt daran, dass das Leben mit der Erdenzeit nicht beendet ist, entsteht eine ganz neue Dimension. Auch nimmt man nach meinem Verständnis nichts Materielles mit als nur die Kenntnis und Erfahrung, die man erworben hat. Letztlich wird seine ganze Persönlichkeit, sein ganzes Sein ihm zur Verfügung stehen und ihn auf die andere Seite begleiten. Wir sehen daran, wie wichtig es ist, sich mit der Frage, was geschieht mit dem Menschen nach seinem Leben, zu befassen. Dieses eröffnet ihm eine neue Dimension. Können wir daran glauben, dass es einen Gott gibt und somit den heiligen Schriften vertrauen, die bezeugen, dass es dank des Sühnopfers Jesu Christi, eine Auferstehung, ein Weiterleben gibt? Es lohnt sich, dieser Sache auf den Grund zu gehen. Alles, was ich selbst habe in Erfahrung bringen können, zeigt mir, dass es tatsächlich ein Weiterleben gibt. Da man nichts vernichten kann, alles nur einem Wandel unterworfen ist, so ist es gut vorstellbar, dass es ein Weiterleben in einer anderen Form geben muss. Hier ist der Punkt erreicht, wo man maximal einem anderen sein Zeugnis geben kann.

Dies könnte ihm ein Ansporn sein, sich selber auf den Weg zu machen, um für sich diese Erkenntnis zu erlangen, ob nach diesem Leben doch noch mehr vorhanden ist. Ja, es lohnt sich, den Versuch zu unternehmen. Und tatsächlich, man erhält Sicherheit und Glaubenskraft, sich weiter mit diesem Thema zu beschäftigen. Diese neu gewonnene Erkenntnis, die einem als sein persönlicher Schatz verbleibt, gibt einem Trost, Kraft, Mut zum Leben und man gestaltet nun sein Leben ganz anders. Meine Empfehlung kann nur sein: Ja, es lohnt sich danach zu trachten diese Erkenntnis zu gewinnen, etwas Lohnenderes ist nach meiner Erfahrung nicht zu finden.

Gerhard Jobs
Braunschweig 07.05.2016

Wennn ich etwas Gutes tue, bleibt es zumindest in dem Herzen dessen, dem ich meine Liebe gezeigt habe. Und ist das nicht schon Lohn genug?

Gerhard Jobs
Braunschweig 24.01.2017

Urlaub

Endlich, es ist so weit, nun geht es los,
den Alltag lasse ich zurück, der Realität des Lebens will ich unbedingt entrinnen.
Zu anderen Orten will ich, auf der Mutter Erde Schoß.
Wandern, mich sonnen, auf die Schönheit der Schöpfung mich besinnen.

Ich erklimme Berge, singe Lieder voller Freud.
Genieße der Vögel Gesang, der Tiere fröhliches Spiel.
Alles ist gut, habe mich an vielem schon sehr erfreut. (, habe vieles erlebt und nichts bereut.)
Die Schöpfung, all dies Wunderbare, gibt mir wirklich viel.

Auch von der Krone der Schöpfung gibt es etwas zu berichten.
Ein tiefer Blick, ein charmantes Lächeln, ein zu mir gesprochenes Wort,
dies erregt mein Ich, lässt mich gute Worte finden, lässt mich dichten,
von der Liebe, dem Glück, an diesem schönen Ort.

Ich fühle Frieden, innere Ruhe, ein Stück von dem erträumten Glück.
Doch die Zeit vergeht, das Neue, das Spannende, die erfüllten Erwartungen klingen langsam ab.
Immer stärker wird nun der Gedanke, bald geht es wieder nach Haus zurück.
Ist schon alles erlebt? Der Urlaubstraum erfüllt? Oder fällt noch etwas Besonderes, von wo auch immer, auf mich herab?

Bin wieder zu Haus, daheim,   - ja es war schön, es waren Stunden voller Freude und Glück.
Und irgendwann, so denke ich bei mir, geht es sicher von Neuem wieder los.

Doch jetzt bin ich erst einmal zu Hause, bei all dem mir
vertrauten, - ich bin zurück.
Schön ist es zu gehen und auch wieder zu kommen, - immer
fühle ich mich geborgen in der Mutter Erde Schoß.

Gerhard Jobs
Cala Ferrera den 04.07.2016

Du musst dich nur recht umschauen.

Hast Du auch viel von der Welt gesehen,
waren viele Orten für dich wirklich wunderbar und sehenswert.
So wirst Du feststellen, auch zu Haus ist es wunderschön,
besonders wieder bei Mutters an ihrem "goldenen Herd"!

Neulich sah ich zwei Reisebusse auf dem Marktplatz stehen,
mitten in unserer Stadt.
Was wollen die denn hier? Ist mein Wohnort denn ein
Reiseziel?
Oft fährt man in die Ferne und sieht nicht, wie schön man es zu
Hause hat.
Andere öffnen dir dann die Augen und geben dir für deine Stadt
ein neues Erkennen, ein besonderes Gefühl.

Gerhard Jobs
Braunschweig 25.01.2017

Jede Zeit ist eine besondere Zeit.
(... es ist deine Zeit!)

Haben Sie schon einmal gedacht oder sogar gesagt:
"Im Mittelalter hätte ich nicht leben wollen!"
Keine gesunde Ernährung, Obst und Früchte nur zu den entsprechenden Jahreszeiten (Spätsommer oder Herbst).
Keine Gefriertruhe, kein Radio und Fernsehen, kein Computer, nichts konnte man gut archivieren (mit Bild und Ton), nur weitererzählen oder aufschreiben, wenn man überhaupt schreiben konnte. Besaß man überhaupt richtiges Schreibzeug?
Es gab keine Zentralheizung, kein elektrisch Licht, keine Waschmaschine und, und, und. . .
Hatte man Zahnprobleme, war eine gute Behandlung nicht möglich. Es war kaum eine medizinische Betreuung und es gab wenig Kenntnisse davon. Auch schmerzstillende Mittel waren nur wenig da.

Fast endlos könnte man die Errungenschaften unserer Zeit aufzählen, die vorher nicht vorhanden waren.
Ja, auch ich möchte damals nicht gelebt haben. Ich bin mir der Segnungen unserer heutigen Zeit bewusst. Und doch hört man ältere Menschen von den "guten alten Zeiten" sprechen.

Waren die Menschen früher glücklicher? Und wenn ja, warum?
Was vermissten Sie denn? Etwa die alte Technik?
Die schlechtere medizinische Versorgung? Dass es kaum exotische Früchte in der ganzen Jahreszeit gab? Nein, das hätten sie auch damals gern gehabt. Es muss etwas anderes sein.
Vielleicht ihr Jungsein? Trotz körperlicher Arbeit, eine Zeit ohne diesen nervlichen Stress der heutigen Tag.
War man mehr aufeinander angewiesen und somit mehr miteinander verbunden? Generationen lebten oft in einem Haus zusammen; und somit hatte man gelernt, trotz der Altersunterschiede gut miteinander zu leben. Sehnte man sich

nach der Zeit der Gespräche, die heute dank Fernsehen, Computer und andere Medien kaum noch zustande kommen?

Der Mensch ist ein Gewohnheitsstier, sowie man seine Lebenssituation erlebt und sich darauf einstellt, kann man den Alltag schon gut meistern. Es war früher üblich, samstags zu arbeiten. Wo gab es eine 40 Stundenwoche? Man war es gewohnt, der Obrigkeit zu gehorchen, und auch die Eltern haben einem viel mehr Respekt abverlangt. Trotz all dem hat man nicht bewusst gelitten.

Ein wenig kann man schon verstehen, dass Menschen sich gern an ihre "alten Zeiten" erinnern, egal wie sie wirklich waren.

Letztlich ist das Glücklichsein eine Einstellungssache. Man kann alles negativ und schwarz sehen oder auch Mut und Hoffnung für die Zukunft haben. Man sollte lernen, "jetzt zu leben" nicht erst, wenn ich einmal die Schule hinter mir gelassen habe, wenn ich meine Lehre abgeschlossen habe, wenn ich erst in Rente bin. Wer glaubt, nur morgen glücklich zu werden, hat ein Leben lang nicht gut gelebt. Jetzt ist eine besondere Zeit, genieße auch mal den Augenblick; und trotzdem kannst Du dich zielgerichtet auf deine Zukunft vorbereiten.

Das Wohlbefinden hängt sehr stark von zwischenmenschlichen Beziehungen ab. Natürlich muss die Gesundheit und das Umfeld, in dem man lebt, mindestens zufriedenstellend sein.

Gefühle entstehen durch Geben und Nehmen, durch Beachten und Beachtet werden.

Somit gestalten wir mehrheitlich unser Leben, unsere Gefühle und unsere Zeit, die irgendwann zu den "guten alten Zeiten" werden, – vieles liegt also in unseren, in deinen Händen.

Gerhard Jobs
Braunschweig den 25.01.2017

Hoffnung.

Die Hoffnung trägt den Keim in sich, nicht aufzugeben und sein Vertrauen in Gott und in die Menschen nicht zu verlieren.

. . . die Hoffnung trägt dich durch jede Zeit!

Gerhard Jobs
Braunschweig den 27.01.2017

Ehrlichkeit!

Gibt es noch Menschen, die ihre Seele nicht für Geld verkaufen? Die nicht dem alten Spruch „wes´ Brot ich eß´ des´ Lied ich sing" entsprechen. Die sich nicht dem Koalitionszwang beugen, denen ihr Gewissen mehr bedeutet als eine Mehrheitsmeinung. Die nicht mitmachen, wenn ihnen Schweigen verordnet wird. Sollte man wirklich bewusst verschweigen, verändern, schönreden, nur weil das Ziel einem alles ist?
Oder diejenigen, die bewusst Falsches sagen, um ihre oder die Interessen einer Gruppe unter das Volk zu tragen, – um Macht zu erlangen. Wo ist bei vielen Menschen die Tugend der Ehrlichkeit geblieben? Für viele Menschen gelten die Gebote, Regeln und Anweisungen unseres allweisen Schöpfers nicht mehr viel (siehe Schriftstellen im Anhang).
Kann man da nicht verstehen, dass der „gemeine Mann" nicht mehr glauben möchte? Sodass er vielen, denen er eigentlich hätte vertrauen können, dieses Vertrauen nicht mehr entgegenbringt? Entsteht dadurch nicht Verdrossenheit unter vielen?
Wie schön wäre es doch, wenn wir wieder auf viele gute Tugenden, wie zum Beispiel eine davon, die Ehrlichkeit, wieder zurückfinden würden.
Was für ein gutes Beispiel geben uns da die Apostel und Propheten, die selbst unter Todesandrohung ihren Glauben nicht verleugneten und ihr Gewissen nicht beiseitesetzten.

Gerhard Jobs
Braunschweig den 15. 02.2016

Anhang:
Levitikus 19: 11 Ihr sollt nicht stehlen, nicht täuschen und einander nicht betrügen.

Jakobus 1: 14 "Wenn aber euer Herz voll ist von bitterer Eifersucht und von Ehrgeiz, dann prahlt nicht, und verfälscht nicht die Wahrheit!"

1. Petrus1: 22 "Der Wahrheit gehorsam, habt ihr euer Herz rein gemacht für eine aufrichtige Bruderliebe; darum hört nicht auf, einander von Herzen zu lieben."

1. Johannes 1: 5 "Das ist die Botschaft, die wir von ihm gehört haben und euch verkünden: Gott ist Licht, und keine Finsternis ist in ihm."
6 "Wenn wir sagen, daß wir Gemeinschaft mit ihm haben, und doch in der Finsternis leben, lügen wir und tun nicht die Wahrheit."

3. Johannes 4 "Ich habe keine größere Freude, als zu hören, dass meine Kinder in der Wahrheit leben."

Bist du ehrlich?

. . . ehrlich sein, fordert dein ganzes "Ich". Bist du es, bist du größer als so mancher großer Feldherr, denn du hast dich und nicht andere überwunden!

Gerhard Jobs
Braunschweig den 27. 01.2017

Menschen auf der Flucht.

Ja, ganze Völker sind unterwegs. Krieg, Terrorismus, Mord und Morddrohungen von Fanatikern, große Hungersnöte, Arbeitslosigkeit und weiteres Elend lassen Massen von Menschen, ja ganze Völker fluchtartig ihr Heimatland verlassen. Zu einem gewissen Teil ist die Schuld auch bei diesen Völkern selbst zu suchen. Die Regierungen sind oft korrupt und nicht wirklich an der Entwicklung ihrer Länder interessiert. Zu oft wurden sie ja auch von den reicheren Ländern ausgebeutet. Durch falsche Versprechen, wie z. B. dass durch die Industrialisierung, die man bei ihnen durchführen würde, der Wohlstand käme. Diese Hoffnungen erfüllten sich meistens nicht. Man hat ihre Rohstoffe und ihre billige Arbeitskraft nur für sich benutzt. Wundert es da, dass etliche Bürger dieser Völker, in anderen Ländern ihr Glück versuchen, um mehr Wohlstand erlangen zu können.

Hätte man ihnen früher geholfen und ihnen ein gewisses Maß an Überlebenschance, an Wohlergehen ermöglicht, wären sie in ihrer Heimat geblieben.

Auch wären Diktatoren, die sich oft der Not eines Volkes bedienen und sie mit ihren Schlagwortparolen verlocken, nicht so leicht an die Macht gelangt.

So sind sie teilweise zum Auswandern gezwungen worden. Auch ist noch immer zu oft die Meinung vorhanden "Was schert es mich, wenn in China ein Sack Reis umfällt" zu finden, und dann stellen sich solche Auswirkungen schnell ein.

Wir Menschen auf dieser Erde sind so abhängig voneinander, keiner sollte glauben, er könne in seinem Land wie auf einer einsamen Inseln leben.

Wir sehen daran, es wird immer eine gute Gesinnung und viel Nächstenliebe gefordert. Seien wir zum Helfen bereit und dies möglichst zur Selbsthilfe, wie es uns schon die vielen Weisheiten, die in den Worten Gottes zu finden sind, raten.

                                        Gerhard Jobs
                                Braunschweig den 12.08.2016

Auf der Flucht!

Ein Weinen, ein Klagen, ein Schreien, um mich herum,
- wie verzweifelt muss man sein.
Alles verloren, kein Bekannter ist in der Nähe, trotz vieler
Menschen ist jeder allein.
Die Heimat verloren, gerettet das nackte Leben, ich kann nicht
mehr weinen, ich bin ganz stumm.
Und doch höre ich hin und wieder ein Murmeln, vielleicht auch
ein Beten um mich herum.

Ich lass mich führen von der Masse, gehe einfach mit ihr mit,
nur weg, die Fremde ist mein Ziel.
Ein jeder ist gefangen in Verzweiflung, in einer stillen Trauer,
durch ein beängstigendes Gefühl.
Gibt es denn Hoffnung, ein besseres Land, Menschen die
verstehen, die begreifen unsere große Not?
Alle neben mir eilen vorwärts, denn sie sind wie ich, vom
gleichen Schicksal stark bedroht.

Flüchtig hört man den Nachrichten zu, dort in der Ferne,
irgendwo, gibt es große Not.
Man berichtet von Menschen auf der Flucht, von großem Elend,
sogar von Tod.
Dann folgt der Spielfilm. Und wer will, kann noch einer
Talkshow lauschen
oder sich vergnügen, vielleicht sich auch an einer Humoreske
recht gut berauschen.

So ist der Mensch, nur was ihn selbst betrifft, was ihm
persönlich widerfährt,
ist ihm interessant, hat für ihn einen besonderen Wert.

Das Schicksal anderer berührt so einen Menschen nicht allzu sehr,
doch in Wirklichkeit gibt es noch eine andere Größe, es gibt noch sehr viel mehr.

Es gibt ihn, den, der alles erschaffen hat, er hat die Regeln des Zusammenlebens festgelegt.
Er, mahnt zum Frieden, zur Nächstenliebe, zu einem Leben, das auch Dich und den Nächsten zum Guten bewegt.
Allen, auch Dir ist die Freiheit gegeben, zu entscheiden: "Lebst du Dich selbst, oder gibt es auch für Dich Menschen neben Dir?
Reichen wir doch einander die Hand, dann ist keiner allein, dann ist auch ein Platz für andere hier.

Gerhard Jobs
Braunschweig den 13.11.2016

Not

Not ist auch ein Prüfstein für die, die nicht in Not sind.

Gerhard Jobs
Braunschweig den 28.01.2017

Bin ich allein?

Wohin Dein Geist mich führt, dahin will ich geh`n, o Herr.
Egal wie schwer der Weg mir auch erscheinen mag.
Wem sollt ich denn vertrauen? Wem gebührt mehr Ehr?
Sag an, wer führt mich sicherer als Du, den lieben langen Tag?

Danke sagen möchte ich Dir mein Herr und Gott,
für all das Schöne, das Du hast erschaffen, das mich umgibt.
Leider gibt es Menschen, die mit Deinem Namen so treiben ihren Spott.
Nicht ich, dafür habe ich zu sehr, zu oft verspürt, wie sehr Du mich geliebt.

Wie endlos ist Deine Geduld trotz des üblen Treibens Deiner Kinder,
wie oft hast Du verziehen ihre Unbedacht, ihre Hartherzigkeit, ihre Lieblosigkeit.
In vielem bin ich immer noch ein Egoist, undankbar, immer noch zu lieblos, ein Sünder.
Und doch erhältst Du mich, sorgst für mich, bist mir nah, sodass mich trifft kein Leid.

Deinen Sohn hast Du gesandt, der für alle Menschen, so auch für mich gestorben ist.
Sodass es Hoffnung gibt auf ein ewiges Leben bei Dir.
Oh, dass ich dieses doch nie vergessen möchte und mir mehr bewusst werde, wer Du bist.
Dass ich ein Mensch sein oder werden mag, der nicht mehr ich sagt sondern wir.

Gerhard Jobs
Radolfzell 13.06.2016

Das besondere Vermächtnis!
(eine generationsübergreifende Geschichte)

Dass der Tag einmal kommen würde, das wusste ich. Doch das es schon so früh sein würde, habe ich nicht erwartet.
Der Container steht schon gut gefüllt vor dem Haus. Etliches wurde schon vorher von den Verwandten und von guten Bekannten aussortiert und mitgenommen. Alles was ihnen begehrenswert und wertvoll erschien.
Es sah immer noch sehr leer in mir aus, obwohl mein Vater schon vier Tage tot war. Lange brauchte er nicht allein zu sein, seine Ehefrau Jasmin war ihm vor nicht einmal einem Jahr vorausgegangen. Aus meinen Gedanken wurde ich in das Augenblickliche zurückgerufen, als einer meiner Verwandten, der uns ein guter Helfer ist, zu mir sagte: "Norbert, alle Zimmer sind jetzt leergeräumt." Ich bedankte mich, schritt durch die leeren Räume, blieb im Arbeitszimmer meines Vaters stehen. Ich sah in die Ecke, wo noch vor Kurzem der alte Sessel stand, der schon recht abgenutzt, doch nie ersetzt worden war.
Mein Vater mochte ihn wohl sehr. Er war für ihn ein stiller Ort der Besinnung und gelegentlich auch der Platz für ein kleines Schläfchen.
Einmal noch, wie mein Vater es so oft getan hatte, wollte ich mich in den Sessel setzen, - ja das wollte ich. Er stand noch im Hausflur, man hatte ihn noch nicht auf den Container geworfen. Vermutlich war er schon zu voll. Ich setzte mich in den Sessel, schlug die Beine übereinander, wie ich es oft meinen Vater hatte tun sehen. Ich lehnte mich zurück, schloss die Augen und dachte an frühere Zeiten. Ich hatte meine Arme auf die Armlehnen gestützt, saß bequem und fühlte Geborgenheit. Doch einschlafen wollte ich nicht, was leicht hätte passieren können. Ich ließ meine Hände herunter gleiten und tat ungewollt das, was ich als Kind oft getan hatte. Ich fuhr mit meinen Händen in die beiden Spalten zwischen den Lehnen und der Sitzfläche hinein. Früher hatte ich oft einen meiner Buntstifte, ein kleines Spielzeugteil oder gelegentlich sogar eine Münze darin finden können. Zu

meiner Überraschung fand ich einen kleinen Schlüssel, der zu einer Schatulle, einer kleinen Schublade oder einem Aktenkoffer hätte gehören können. Ich schaute ihn mir genauer an, um herauszufinden, wozu er passen würde. Im Augenblick fiel mir nichts dazu ein. Auch war ich mir nicht sicher, wer ihn verloren haben könnte. Irgendwie war ich nun hellwach und konnte nicht mehr länger im Sessel sitzen bleiben. Für den Rest des Tages suchte ich im Unterbewusstsein nach einer Lösung, immer wieder mit dem Ziel: "Wozu passt nur dieser Schlüssel?" Da kam mir plötzlich eine Idee, diese erschien mir so deutlich, als hätte jemand zu mir gesprochen: "Schau doch mal in den Wandschrank!" Ich erinnerte, dass im Schlafzimmer meiner Eltern solch ein Schrank eingebaut war. Dieser Eingebung folgend ging ich in das Schlafzimmer und entdeckte in dem besagten Wandschrank ein kleines Fach, das abgeschlossen war, ähnlich einem kleinen Tresor.

X

gehen sie zur Seite 53 und lesen dort weiter:
oder gehe zur Seite 64 und lesen dort weiter:
oder gehe zur Seite 67 und lesen dort weiter:

Der Schlüssel passte. Gespannt öffnete ich die kleinen Tür.

Bis auf ein kleines Buch, das hinten in der rechten Ecke lag, war nichts Weiteres darin zu finden. Ich öffnete das Buch, begann darin zu lesen und schnell wurde mir klar, dass es das Tagebuch meines Vaters war. Meistens wurden Tagesabläufe, gemeinsame Erlebnisse mit der Familie, Gedanken und Empfindungen über verschiedene Zeitgeschehnisse und gelegentlich auch sehr persönlichen Gedanken und Gefühle darin festgehalten.
Einen größeren Raum in seinen Ausführungen nahm ein Erlebnis ein, das ziemlich am Schluss seiner Tagebucheintragung zu finden war. Diese mussten ihn wohl in seinem restlichen Leben sehr beschäftigt haben.

Folgende besondere Eintragung konnte ich den Aufzeichnungen dieses Tagebuches entnehmen:

"Habe einer Frau, der Elisabeth Jäger, sehr weh getan. Habe ihr Hoffnung auf ein gemeinsames Leben mit ihr gemacht. Sie hat sich mir so nahe gefühlt. Sie hat mich regelrecht angehimmelt, sie war wirklich in mich verliebt. Doch ich habe ihre Liebe nicht erwidert. Ich habe mit ihr gespielt und ihre Zuneigung mir gegenüber, so würde ich heute sagen, nur ausgenutzt. Letztlich habe ich sie dann sitzen lassen, mich von ihr abgewandt. Sie ist danach in ein nicht gutes Milieu abgerutscht und wurde eine Alkoholikerin. Sie hat meines Wissens nie geheiratet. Doch so wie ich später gehört habe, hat sie eine Tochter bekommen. Ich habe dann wenig später meine große Liebe Jasmin kennengelernt und sie geheiratet. Nie hatte ich den Mut Elisabeth Jäger zu besuchen und mich mit ihr auszusprechen. Ich weiß auch nicht einmal mehr, ob sie noch lebt. Ihre Tochter wurde ihr weggenommen, kam in ein Heim und was aus ihr geworden ist, das weiß ich nicht. Ich war auch nicht mutig genug gewesen, um nach einer der beiden zu forschen,

wahrscheinlich schämte ich mich zu sehr. Ich wollte und will auch alte Dinge nicht mehr aufwühlen und vielleicht noch mein Verhältnis zu Jasmin trüben. Somit rechtfertigte ich vor mir selbst mein Nichtstun. Da ich nur noch eine kurze Zeit zu leben habe, möchte ich meine Seele erleichtern und hier erst einmal anonym meine Gefühle schildern. Ich hoffe, dass Elisabeth Jäger mir verziehen hat und dass auch meine liebe Jasmin, die nun schon von mir gegangen ist, mich trotz meiner gezeigten Schwäche nicht verachten wird. Nun als Letztes hoffe ich, dass vielleicht jemand diese Aufzeichnungen findet, vielleicht eines meiner Kinder, das mehr Mut hat als ich und versucht an meiner Stelle, da ich seinerzeit zu feige war, irgendwie diese Sache wieder gerade zu rücken. Sollte es diesem Jemand, hoffentlich einem meiner Kinder, gelingen, den Kontakt zu Frau Jäger oder ihrer Tochter wiederherzustellen, möge er in meinem Namen um Verzeihung bitten. Ist es einer meiner Angehörigen, der diesen Liebesdienst für mich übernimmt, so habe ich noch ein Anliegen. Er möge vielleicht mit einem größeren Geschenk, vielleicht einem kleinen spendierten Urlaub, dies ist mein besonderer Wunsch, meiner Bitte um Vergebung Nachdruck verleihen. Damit möchte ich meine ernst gemeinte Entschuldigung, besonders unterstreichen. Auch wenn mir klar ist, dass mit Geld oder einem Geschenk, nicht alles repariert werden kann.
Wie kann man jahrelanges Leid wieder gutmachen?
Da ich, wenn jemand dieses Tagebuch findet, nicht unter den Lebenden weile, bitte ich dies an meiner Statt zu tun. Die notwendigen Kosten sind von meinem Nachlass zu entnehmen. Dies wird gemessen an der Größe meines Nachlasses, diesen nicht wesentlich schmälern. Macht es bitte anders als ich, habt mehr Mut, um Klarheit rechtzeitig zu schaffen. Verzeiht mir, dass ich in diesem Punkt kein gutes Beispiel gegeben habe.
Ich überlasse das Finden dieses Buches dem Zufall oder einer besondern Führung, einer Fügung zum Guten, dass ich

wenigstens nach meinem Leben Frau Jäger in die Augen schauen kann und dass auch meine Frau Jasmin mich versteht."

Warum habe ich gerade diesen Schlüssel gefunden? War das Zufall? Ich wusste, dass ich diesen Liebesdienst erbringen musste. Das bin ich meinem Vater schuldig. Er war für mich immer da gewesen. Noch einmal las ich die wichtigsten Passagen dieses Abschnittes in seinem Tagebuch. Konnte aber keinen Eintrag oder irgendeine weitere Aussage über Elisabeth Jäger finden.

Nun stand ich da mit solch einem Vermächtnis! Und schon begann für mich die Kleinarbeit. Denn ich hatte meinen Vater geliebt und wollte einfach jedes Fehlverhalten von ihm, so weit mir möglich, bereinigen.
Meine ersten Recherchen brachten mir schnell Gewissheit. Hatte ich Glück oder war es Fügung? Frau Elisabeth Jäger war ebenfalls verstorben, wie ich in einem Altersheim, das ich nach vielen anderen besucht hatte, erfahren haben. Nun blieb es mir nur noch, nach ihrer Tochter zu suchen.
Da ich davon ausgehen konnte, dass die Tochter von Frau Jäger etwa in meinem Alter sein müsste und sie ihre Kindheit in einem Heim verbracht hatte, war die Sache damit schon etwas eingegrenzt. Die Lebenssituation von Frau Jäger, ihre Alkoholabhängigkeit und ihre Armut hatte sie bestimmt nicht veranlasst den Umkreis dieses Ortes, in dem sie und wir wohnten, wegzuziehen. Ich machte mich auf die Suche in den hier ansässigen Kinderheimen nach einem Kind namens Jäger. Ich gab mich als einen der nahen Verwandten von Frau Elisabeth Jäger aus, der noch von ihrem kleinen Nachlass ihrer Tochter etwas überbringen sollte. In einem der Kinderheime hatte ich Glück, oder war es wieder Fügung? Dort war eine Juliane Jäger bis zum Alter von 12 Jahren untergebracht gewesen. Wo sie ab dann geblieben war, konnte oder wollte man mir nicht sagen. Vielleicht war sie adoptiert worden oder

hatten weitere Verwandte sich doch ihrer angenommen? Letztlich fand ich zwei Frauen mit dem Namen Juliane Jäger im Telefonbuch. Und nun machte ich mich auf den Weg. Schon der erste Versuch brachte mir Klarheit, das war tatsächlich Juliane Jäger, die Tochter von Elisabeth Jäger. Nachdem ich mich kurz vorgestellt, meinen Namen genannt hatte und Frau Juliane Jäger von der Bekanntschaft ihrer Mutter mit meinem Vater und dem besonderen Wunsch meines Vaters berichtete hatte, war sie überrascht. "Sie sagen, dass ihr Vater ein Bekannter meiner Mutter gewesen sein soll, -eigenartig? Meine Mutter lebt ja nicht mehr. Fragen können wir sie also nicht mehr. Da ist ein Sichentschuldigen nicht mehr möglich. Sie hat zwar einmal davon gesprochen, dass jemand sie sehr gern gehabt hatte, aber sie hat nie Einzelheiten davon erzählt. Sie sprach von meinem lieben Jeremi, wohl ein Kosename für Jeremias." Ich blicke Juliane an und bestätigte ihr, dass mein Vater Jeremias, Jeremias Zellner hieß. Irgendwie trat nun eine Stille ein. Keiner sagte ein Wort. Wir blickten aneinander vorbei. Ich konnte ihre Gedanken nicht deuten. War Sie enttäuscht, überrascht, wütend oder verlegen? Ich hatte den Eindruck, sie musste diese Neuheit erst verarbeiten. Sie blickte zu Boden und sagte: "Seien Sie nicht böse." Ich muss das erst realisieren, irgendwie verarbeiten!" Ich hatte den Eindruck, sie war dem Weinen nahe." Bitte, lassen Sie mich allein, kommen Sie ein andermal wieder." Langsam schloss sie leise die Wohnungstür. Ich blieb noch eine Weile davor stehen, dachte nach, dann wandte ich mich um und ging aus dem Haus. Auch ich fühlte mich ganz beklommen, irgendwie ganz leer. In Gedanken sah ich meinen Vater vor mir, so als wäre er bei dem Gespräch mit dabei gewesen.

Einige Tage später stand ich wieder vor der Tür von Juliane Jäger, klingelte und wartete. Die Tür wurde geöffnet und wieder stand diese zarte, ja fast magere Frau vor mir. Sie sagte nichts, machte die Tür weiter auf und deutete an, dass ich doch

eintreten möchte. Wortlos folgte ich ihr in den Flur. Sie geleitete mich in ihr Wohnzimmer und bat mich Platz zu nehmen.
Ich berichtete ihr alles, was mein Vater über die Beziehung von ihm zu Elisabeth Jäger, ihrer Mutter, in seinem Tagebuch niedergeschrieben hatte.

"Das muss für Sie auch nicht einfach gewesen sein, mich ausfindig zu machen und dem Wunsch Ihres Vaters gemäß von seinem Verhalten gegenüber meiner Mutter zu berichten." "Ich bin froh, Sie gefunden zu haben, und möchte mich noch einmal aufrichtig im Namen meines Vaters entschuldigen. Auch in meinem Namen, denn ich bin ja sein Sohn."

Sie hatte uns einen Tee gemacht. Das animierte uns zu mehr Gelassenheit und viel entspannter und ruhiger konnten wir uns miteinander unterhalten. Wir berichteten einander von unserem Leben, viel mehr als man normalerweise einem Fremden sagen würde. Ich stellte dabei fest, dass sie recht redegewandt war und sich gut auszudrücken wusste. Intimeres über ihr Leben im Heim oder über ihren weiteren Lebensweg wagte ich nicht zu fragen.

Trotz der Zeit im Heim, wo die Betreuer ihre Zeit mit weiteren Kindern teilen mussten, ist sie bestimmt gut gefördert worden. Auch hatte man ihr höchstwahrscheinlich eine ganz passable Schulausbildung ermöglicht. Ihr ganzes Auftreten, ihre Art zu sprechen, die von ihr geäußerten logischen Folgerungen bezeugen dies.
Sie schaute mich direkt an und fragte; "Wäre es möglich, dass wir uns an einem anderen Tag noch weiter über die Beziehung zwischen meinem und Ihrem Vater unterhalten können? Für heute habe ich genug Neues erfahren und brauche Zeit, um diese Sache erstmal genügend zu verarbeiten."
Es kam zu weiteren Treffen und jedes Mal konnten wir die Beziehung zwischen meinem Vater und ihrer Mutter besser

begreifen. Interessanterweise begannen auch wir beide einander viel besser einzuschätzen und auch uns mehr und mehr zu verstehen. Ich bemerkte, dass sie mir von Treffen zu Treffen, immer sympathischer wurde und auch die Art, wie sie zu mir sprach, mich anschaute, gefiel mir sehr. Überrascht war ich, als sie zu mir, nach einem längeren Gespräch über unser nun gemeinsames Anliegen sagte: "Jetzt kann ich die Gefühle meiner Mutter viel besser nachempfinden. Sie hat ihren Vater wirklich geliebt." Dabei schaute sie mich an und sagte dann weiter: "Wenn ihr Vater so gut ausgesehen hat wie sie und so reizend und charmant war, ist das gut zu begreifen."
Ich fühlte, dass ich errötete, und sagte schnell: "Ist es nicht schön, dass Menschen sich so gut verstehen."
Um etwas von dem Persönlichen mehr Abstand zu bekommen, begann ich den besonderen Wunsch meines Vaters vorzutragen. Ich berichtete ihr, dass es der besondere Wunsch meines Vater war, als Wiedergutmachung ihr eine Urlaubsreise zu schenken, als eine Geste ehrlicher Reue.
Da muss ihr Vater ja wirklich ein schlechtes Gewissen gehabt haben, da es ihn so sehr belastet hat. Nach eine kleinen Weile der Stille sagte Juliane, "Das muss ich erst einmal tiefer durchdenken, auch will und muss ich mehr über meine Mutter in Erfahrung bringen."

Die nächsten Tage wurden von Juliane ernsthaft genutzt, um einiges von ihrer Mutter in Erfahrung zu bringen.
Sie durchforsteten den spärlichen Nachlass, den sie bislang noch nicht einmal durchgesehen hatte. Was war schon von einer Mutter in dieser besonderen Lebenssituation, einer Alkoholikerin, Großes zu erwarten. Auch hatte sie außer einer Person, die sie wohl etwas näher gekannt hatte, niemanden sonst ausfindig machen können, die über sie etwas aussagen konnte. Diese eine Person erzählte ihr von den Exzessen ihrer Mutter, bedingt durch Alkohol und Lebensmüdigkeit. Sie erfuhr auch, dass ihr Spitznamen "Rotwein-Elsa" war. Dies deutete darauf

hin, welchen alkoholischen Getränken sie am meisten zugetan war. Es war wohl auch eine der billigsten Alkoholsorten. Auch konnte diese besagte Person mitteilen, dass, wenn sie alkoholisiert war, sie immer von ihrem Jeremie sprach. Dies waren Beschreibungen von Gefühlen, die zwischen: "Ich liebe ihn und würde wieder zu ihm zurückkehren, bis, ihn sollte doch der Teufel holen, diesen miesen Menschen," bei ihr zu finden waren. Oder auch: "Warum hast du mich einfach nur benutzt und dann wortlos verlassen? Und doch war es die schönste Zeit meines Lebens mit dir." Juliane fragt sich offensichtlich, ob man so lieben kann? So sehr die Realität des Lebens aus den Augen verlieren kann? Ich glaube mir könnte so etwas nicht passieren. Auch die Sache mit dem Urlaub, der ihr geschenkt werden sollte, beschäftigte sie. "Habe ich überhaupt schon einmal richtig Urlaub gemacht in einem fremden Land? – Nein das habe ich noch nie. Warum soll ich dieses Angebot nicht annehmen? Vielleicht ist es dann leichter für mich, dieses ganze Kapitel mit meiner Mutter hinter mich zu lassen. Auf der anderen Seite, was soll ich alleine in einem fremden Land? Ich würde mich wahrscheinlich dort auch nur langweilen. Anders sähe es jedoch aus, wenn jemand mitkommen, mich begleiten würde? Vielleicht würden ja Herr Zellner, Herr Norbert Zeller mich begleiten?" Um es abzukürzen, hier war schon ein Keim für die nächste Tragödie gelegt. Doch dies merkten Juliane Jäger und Norbert Zellner nicht. Norbert Zellner hatte nämlich dem Anliegen von Juliane Jäger zugestimmt. Er dachte bei sich, vielleicht ist es eine gute Idee, ungezwungen und mit genügend Zeit, die ganze Sache während des Urlaubs abschließend zu Ende zu bringen.
In gut drei Wochen begann der gemeinsame Urlaub. Anfangs wurde noch viel über das Verhältnis zwischen Elisabeth Jäger und Jeremias Zellner gesprochen. Nach und nach nahmen die Erlebnisse der gemeinsamen Urlaubszeit, das Miteinander, die Zeit zu zweit, einen immer größeren Raum ein. Kaum merklich begannen sich Gefühle zu entwickeln, die mit dem Einander-

Anlächeln, sich länger zu betrachten, einander mehr als üblich zu berühren, durch längeres an den Händen halten, geweckt wurden. Die Gespräche wurden lockerer, man begann herumzualbern und andererseits schweigend das Nebeneinanderzusitzen zu genießen.

Während sie wieder einmal vertraut nebeneinander saßen, legte Juliane vertrauensvoll ihren Kopf an Norberts Schulter. Norbert ließ dies gewähren, er fühlte sich geschätzt und begehrt.

Es wurde ein sehr schöner Tag. Zu einem intimen Miteinander kam es jedoch nicht. Zum Glück nicht, denn irgendwie hatte Norbert rechtzeitig das Gefühl, es könne ihm passieren, in seines Vaters Fußstapfen zu treten. "Nein", sagte er sich,"ich möchte keine falsche Hoffnungen wecken, nicht mit den Gefühlen anderer spielen. Ernsthaft binden will ich mich jetzt noch nicht." Bewusst suchte er mehr Abstand, denn er dachte bei sich, wie schnell kann man aus einem schönen Augenblick heraus die Kontrolle über sich verlieren. Und eine feste Bindung, die will ich noch nicht. Auch weiß ich nicht, wie viel Gefühl und Wollen, Juliane schon in unsere Begegnung investiert hat. Ich muss mit Juliane sprechen und ihr sagen, dass unsere Gefühle nur für eine gute Freundschaft bestimmt sein dürfen. Juliane kam auf ihn zugelaufen, umarmte ihn und drückte sich fest an seine Brust. Er blieb ganz still und steif stehen und wusste, dass nun der Augenblick gekommen war, wo er mit Juliane sprechen musste."Liebe Juliane, das kann nicht so weitergehen, wir müssen über uns und unsere Gefühle miteinander sprechen." Er sagte zu ihr: "Ich mag dich gern, ich finde dich nett und wir haben noch eine gemeinsame, uns von unseren Eltern überlassene Vergangenheit zu regeln. Für das Verhalten meines Vaters habe ich mich schon bei dir entschuldigt und unser Umgang miteinander hat uns erkennen lassen, wie schnell man in Situationen geraten kann, die einem über den Kopf wachsen können. Ja, Juliane Du bist eine nette, junge Frau und ich mag dich, aber ich will mich zu diesem Zeitpunkt nicht binden und möchte einiges in meinem eigenen

Leben noch erreichen, erleben und regeln." Er blickte sie länger an und sagte dann: "Eine gute Freundschaft ja, aber für ein gemeinsames Leben mit dir bin ich zu dieser Zeit noch nicht bereit."
Juliane hatte wohl schon mehr Empfindungen zugelassen und sie wollte nicht recht verstehen, warum sich zwei Menschen, die das Schicksal zusammengeführt hat, sich nicht lieben dürfen. Sie drückte meine beiden Hände fest, beugt sich vor als wollte sie mich küssen und sagte zu mir: "Ich liebe dich doch, ich war noch nie so glücklich."
Ich schwieg einen kurzen Augenblick und dachte bei mir: "Juliane muss verstehen, dass Liebe mir mehr bedeutet als nur Zuneigung und ein betont körperliches Gefühl. Wirkliche Liebe lässt einem den ganzen Wert des Menschen erkennen und muss einem die Fähigkeit geben, ein Leben lang gemeinsam alles meistern zu wollen. Solch eine Liebe empfinde ich nicht."
Ich nahm einen gewissen Abstand zu Juliane ein und sagte ihr: "Ja, ich möchte etwas mehr Distanz. Meine Liebe zu Dir ist nicht so, dass ich mehr als Freundschaft für Dich empfinde. Wie ich schon gesagt habe, ich möchte noch anderes in meinem Leben erledigen. Und dann später werde ich an eine feste Bindung denken. Ich möchte Dir keine falschen Hoffnungen machen, nicht den Spuren meines Vaters folgen und somit auch Dich verletzen. Daher ist es wichtig, rechtzeitig einander die Wahrheit über die Gefühle, die man füreinander empfindet, zu sagen."
Sie wollte ihm wieder sehr nahe sein, doch er wich einige Schritte zurück. Er sagte ihr: "Ich werde jetzt gehen und mich zu gegebener Zeit wieder bei Dir melden." Er wandte sich um und ging. Sie mag noch einige Meter hinterher gegangen sein und war dann wohl stehen geblieben.
Es tat mir schon sehr leid, dass sie bestimmt von mir enttäuscht ist. Aber lieber so, als dass es eine Tragödie wird.

Zuhause schrieb ich ihr einen kurzen Brief mit folgendem Inhalt:

Hier einige Zeilen, die ich Dir schreiben möchte:

Du hättest mich für das Verhalten meines Vaters hassen können, mich als einen Feind in Deinem Leben sehen können. Du hast Größe gezeigt, mir sogar Verständnis und viele gute Empfindungen entgegengebracht.
Danke für das alles. Und überlassen wir das Weitere der Zeit und eventuell einer Fügung.

Danke für alles, - dazu von mir noch ein kleines Gedicht.

Willst du Gutes tun auf Erden, musst du oft sehr mutig sein.
Soll etwas Gutes aus dir werden, bist du oft verlassen und allein.

Wer setzt sich schon für den anderen ein, meist denkt doch jeder nur an sich.
Bewusst hält man den anderen sehr klein, vor dem seinen, kommt erstmal das eigene Ich.

Du mach es anders, behalte weiterhin in deinem Herzen auch für den anderen viel Raum.
Du bist etwas Besonders, denn du erfüllst auch dem anderen seinen Herzenstraum.

So wird vieles zum Guten in der Welt bewegt, und die Menschheit liebt sich wieder.
Wenn nun die Liebe ernsthaft wird gepflegt, werden selbst aus Feinde, wirklich Brüder.
- dies hast Du mir durch das Vergeben der Fehler meines Vaters sehr deutlich gezeigt.

Danke für all das Gute, das Du getan hast. Überlassen wir unsere Beziehung der Zukunft.

Noch einmal danke für Dein Verständnis und Deine Freundlichkeit.

Ich will nicht den Fehler meines Vater wiederholen, nicht andere Menschen ins Unglück stürzen, - nicht Dich. Nicht nur die Gelegenheit nutzen meine körperlichen Empfindungen zufriedenzustellen, - Liebe ist viel mehr. Auch möchte ich mich noch nicht binden. Meine berufliche Entwicklung ist noch nicht soweit abgeschlossen, dass es für eine Familiengründung reichen würde. Außerdem möchte ich noch im Ausland Berufserfahrung sammeln wollen.
Ich schreibe Dir dies, weil Du mir sympathisch bist und Du, wie ich glaube, ein besonderer und wertvoller Mensch bist. Vielleicht, wenn wir uns wiedertreffen sollten, frei und noch ungebunden, sollten wir dann neu über unser Leben nachdenken.

Alles Gute, Dein

Norbert Zellner

                                        Gerhard Jobs
                                Braunschweig den 02.12.2016

Gehen Sie zum X auf Seite 52 zurück, um sich eine der 3 Geschichten auszusuchen oder lesen Sie einfach weiter.
Ein weiteres Erlebnis folgt.

Der Schlüssel passte. Gespannt öffnete ich die kleinen Tür.

Aber nur einen kleinen Spalt, sodass ich noch nichts erkennen konnte. Ich war gespannt, wie ich es als Kind immer zu Weihnachten verspürt hatte.
Für vielleicht zwanzig oder auch dreizig Sekunden verharrte ich still vor dem Wandschrank. Nun siegte die Neugierde, ich öffnete ruckartig die Tür.
Geldscheine fielen mir, wohl durch den Luftzug bewegt, entgegen.
Wieso liegt hier so viel Bargeld? Das sind ja mehr als 8000 €. Und hier auf dem Sparbuch sind auch noch weitere 40.000 €, die abgeholt werden könnten. Auch Wertpapiere hatte er deponiert, deren genauen Wert ich erst ergründen müsste.
Mein Vater war doch schon so alt, wozu hätte er noch so viel Geld gebraucht? Und dies bei der guten Rente, die er monatlich bekam? Seine Eigentumswohnung war schon bezahlt und in einem guten Zustand. Ein Auto hatte er nicht, denn das Autofahren hatte er schon vor mehr als sieben Jahren aufgegeben.
War dies noch ein Überbleibsel einer Einstellung, die oft Menschen zugeschrieben wird, die, wie mein Vater, während des Zweiten Weltkrieges geboren wurden? Wo ein Notgroschen überlebenswichtig war? Vielleicht war er auch ein Mensch, der nicht in der Lage war, Geld einfach auszugeben?
Wer war mein Vater? Hätte er lieber uns, meinem Bruder und mir, mit warmer Hand, etwas von seinem Geld geben sollen?
"Das würde ich anders machen, ich würde meinen Kinder früher etwas geben", dachte ich so bei mir. Sicher, ich hatte relativ wenig Geld und auch kaum Aussichten darauf in Zukunft viel mehr zu verdienen.
Mein kleines Geschäft, in dem ich mit Gravuren mein Geld verdiente, warf gerade einmal so viel ab, dass ich damit meine Familie mehr recht als schlecht ernähren konnte. Große Sprünge

waren damit wirklich nicht zu machen. Somit bin ich leider nicht in der Lage und ich werde es auch so schnell nicht sein können, dass ich meinen Kindern einmal etwas mit warmer Hand geben könnte. Auch die Aussicht, dass sich die Lebenslage in unserem Land demnächst und somit auch vielleicht bei mir ändern könnte, war nicht zu erwarten.
Mein Vater, der meine Lebensumstände kannte, sagte mir schon früher, dass ich mir ein weiteres Standbein, zum Beispiel noch einen Schlüsseldienst, einrichten sollte. Doch woher sollte ich das Geld nehmen? Es reichte gerade einmal so für unsere kleine Familie. So blieb es für eine Weile bei diesem Zustand.
Doch bedrohlicher wurde die Lage, als ein Teil der Geschäfte in meiner Nähe zu einem neu errichteten Einkaufszentrum abwanderten. Nun brauchte ich wirklich ein zweites Standbein.

Mein Bruder und ich teilten dieses überraschende Erbe untereinander auf. Und ich konnte mir wirklich die notwendigen Maschinen für den Schlüsseldienst und eine weitere Prägemaschinen, womit man in Blech, Leder und Kunststoff Buchstaben und Schriftzeichen einprägen konnte, kaufen.
Meine Geschäftslage begann sich zu verbessern. Auch verstand ich jetzt, dass es besser sein kann, nicht nach und nach etwas zu bekommen, das dann sowieso ausgegeben worden wäre, sondern lieber einen größeren Betrag zu erhalten, der im richtigen Augenblick eingesetzt werden könnte. Also einen "Notgroschen" für schwierige Zeniten zu haben.
Jetzt brauchte ich mich nicht mehr zu fragen: "Warum hat mein Vater uns nicht immer nach und nach etwas gegeben hat?" Vielleicht hat ihn seine Erfahrung gelehrt, dass es wichtig ist, besonders dann, wenn man ein kleines Geschäft hat, eine gewisse größere Geldsumme immer als Reserve behalten sollte.
 "Somit hat mein Vater es letztlich doch richtig gemacht, uns auf diese Weise eine größere Summe zur Verfügung zu stellen."
Auch ich begann, obwohl es nur kleine Summen waren, immer

ein wenig zurückzulegen. Man weiß ja nie, ob man es doch noch einmal gebrauchen kann.

Wenn nicht, kann man sich einen gemütlichen Lebensabend damit machen, oder es dann vielleicht, im richtigen Augenblick, seinen Kindern geben.

Auch habe ich dabei gelernt, nicht das Handeln anderer, ob sie es nach eigener Meinung richtig gemacht haben oder nicht, voreilig zu kritisieren.

Ich kannte doch nicht seine Gedanken.

Vielleicht hat er anderes im Leben erlebt, was ihn so handeln ließ. Geizig war er sicherlich nicht, sonst hätte er ja zu Lebzeiten alles verprassen können, sodass nichts übriggeblieben wäre.

Gerhard Jobs
Braunschweig den 13.01.2017

Ja, ein Nachlass kann schon Überraschungen in sich bergen, – positive wie auch negative. Auch sagt er dir einiges über den aus, dessen Nachlass in deine Hände gelangt ist.

Gehen Sie zum X auf Seite 52 zurück, um sich eine der 3 Geschichten auszusuchen oder lesen Sie einfach weiter.
Ein weiteres Erlebnis folgt.

Der Schlüssel passte. Gespannt öffnete ich die kleinen Tür.

Erwartungsvoll öffnete ich die kleine Tür des Wandschranks. Was mich da wohl erwarten würde? Was ich fand, war ein dunkelblaues, etwa DIN A5 großes, fast schwarzfarbenes Buch. Es war mit dem Titel: "Das Buch Mormon" und den Untertitel "Ein weiterer Zeuge für Jesus Christus" versehen.
Die Buchstaben waren goldfarben und irgendwie sah alles sehr vornehm aus. Ich wusste gar nicht, dass mein Vater sich mit Religion beschäftigt hatte, er war mehr der nüchterne, der rationale Typ. Vom dem Buch Mormon und den Mormonen hatte ich schon gehört, das war aber schon alles, was ich davon und darüber wusste.
Lerne ich meinen Vater jetzt noch von einer ganz anderen Seite kennen?
Ich öffnete das Buch, blätterte es durch und stellte fest, dass mein Vater einiges unterstrichen und sogar mit Randvermerken versehen hatte. Normalerweise hätte ich das Buch beiseite gelegt, denn ich hatte schon genug Lebensphilosophie für mich selbst. Aber das, was mein Vater angestrichen hatte und die von ihm gemachten Randvermerke, das interessierte mich schon.

Ich begann darin zu lesen und mir meine Gedanken zu machen. An einer Stelle fand ich die Aussagen, dass die Menschen dem Volk, dem sie letztlich die Bibel verdanken, nicht gerade dankbar dafür sind.
An einer anderen Stelle wurde erklärt, welche Voraussetzungen notwendig sind, um eines Tages bei Gott und Jesus Christus leben zu können.
Ich wusste gar nicht, dass man sich so umfangreich vorbereiten muss, um nach diesem Leben bei Gott wohnen zu können.
Ein einfaches Lippenbekenntnis, dass man an Gott und Christus glaubt, reicht also nicht aus. Es werden ein gewisses Handeln, eine gewisse Verhaltensweise und auch besondere Charaktereigenschaften als notwendig vorausgesetzt.

An einer Stelle hatte mein Vater den Randvermerk gemacht: "das erscheint mir sehr logisch."
Und ich konnte dort folgende Aussage finden:
Auch ist es nicht nötig, dass kleine Kinder getauft werden sollen, denn sie sind unschuldig, auch können sie mit Gott unserem Herrn wohl keine Bündnisse schließen. Säuglinge oder Kleinkinder sind sich der Tragweite in den ersten Lebensjahren ja auch gar nicht bewusst.

Ich dachte bei mir: "In der Bibel gibt es keinen Hinweis, dass kleine Kinder getauft wurden, sie wurden nur gesegnet, was diesem Gedankengang Rechnung trägt."

An etlichen Stellen, die mein Vater markiert hatte, fand ich auch, dass dort deutlich über Jesus Christus und seine Aufgabe als Erlöser Zeugnis abgelegt wurde. Auch wurde darin deutlich, dass Gottvater und sein Sohn Jesus Christus getrennte Persönlichkeiten sind, im Denken und Handeln aber eins.

Interessant fand ich auch den auf der Innenseite des Buchdeckels eingeklebten Text, der meinen Vater gewidmet war, und folgenden Inhalt hat:

<u>Das Buch Mormon, ein Zeuge für Christus</u>

Das Buch Mormon berichtet von dem Wirken vieler Propheten auf der westlichen Erdhälfte und lässt uns an den Lebensgewohnheiten und geschichtlichen Ereignissen der Menschen, die damals dort lebten, heute "teilnehmen". Es zeigt auf, dass die Menschen auch dort von Jesus Christus Kenntnis hatten und dass Gott zu jeder Zeit nach seinem Dafürhalten zu seinen Kindern spricht. Er gibt ihnen Empfehlungen und

Ratschläge für ihr Leben auf dieser Erde. Die Bibel, das Buch Mormon und weitere Offenbarungen, die wir von Gott erhalten, wann er es auch immer für nötig hält, sind uns gegeben, um seine Absichten in Bezug auf uns, seine Kinder kundzutun. Der Herr gibt uns Antwort auf Fragen wie: "Warum wir hier z.Z. auf der Erde zu leben haben, was uns danach erwartet, wie wir miteinander umgehen sollen". Wenn die Menschen nach Gottes Weisungen leben würden, hätten wir eine andere Welt - sich anders verhaltende Menschen - mehr Nächstenliebe und weniger Egoismus. Diese Erfahrung habe ich selbst gemacht und möchte einen Teil dieser göttlichen Weisheiten mittels des Buches Mormon an Sie, einem mir wertvollen Mitmenschen, weitergeben.

Auch hatte mein Vater unter dem eingeklebten Text, den wohl derjenige verfasst hatte, der ihm das Buch schenkte, einen Haken gesetzt, so als wollte er das als akzeptabel bestätigen.

All diese und viele weitere Eintragungen, die des Nachdenkens wert sind, habe ich gefunden. Schade, dass ich mit meinen Vater nicht mehr über seine Empfindungen und Gefühle, sprechen kann. Das tägliche Leben mit seinen Ansprüchen und Herausforderungen, seinen Sorgen, aber auch vielen Ablenkungen, lässt oft nicht zu, dass man wichtige Fragen beizeiten abklären kann. Und erst im Nachhinein erkennt man, so wie auch ich, das einiges wichtig gewesen wäre zu besprechen, doch dazu ist es dann oft zu spät.
Ich habe den Entschluss gefasst, in meiner Familie nicht nur so in den Tag hineinzuleben. Nicht nur auf das, was an einem, so wie auch an mir, herangetragen wird zu reagieren, sondern auch tiefgründigere Fragen, die weitreichende Folgen haben könnten, im Familienkreis zu besprechen und zu beraten.

Gehen Sie zum X auf Seite 52 zurück, um sich eine der 3 Geschichten auszusuchen oder lesen Sie einfach weiter.

Weiteres könnte ja noch geschrieben werden, sodass eine endlose Geschichte entstehen könnte.

Vielleicht haben Sie als Leser ja Lust dazu? So könnte eine "endlose" Geschichte entstehen, . . Ihre Geschichte.

Hier einige Vorschläge:

X4 Der Schlüssel passte. Gespannt öffnete ich die kleine Tür. Bis auf ein wunder schönes Schmuckstück . . .

X5 Der Schlüssel passte. Gespannt öffnete ich die kleine Tür. Bis auf eine alte Landkarte . . .

X6 Der Schlüssel passte. Gespannt öffnete ich die kleine Tür. Bis auf eine alte Wehrmachtspistole . . .

X7 Der Schlüssel passte. Gespannt öffnete ich die kleine Tür. Bis auf einen wunderschönen Pokal . . .

... keiner ist größer als Er!

Wer gab den Sternen ihre Bahn,
der Erde ihr schönes Angesicht?

Wer wies den Gezeiten ihren Weg,
gab der Natur ihre Mannigfaltigkeit?

Wer kennt das Ende von Anfang an?
Nichts kann vor ihm verborgen sein!

Wer gestaltete den Menschen nach seinem Angesicht
und läßt ihn über den Tod hinaus noch leben?

– sei unendlich dankbar, denn Er ist es, der dir gestattet, ein
Sohn oder eine Tochter Gottes zu werden!

All das kann nur Er, der allmächtige Gott,
der größte von allem und allen.

Gerhard Jobs
Braunschweig den 10.01.2017

Geborgenheit
(viel kann man für seinen Nächsten tun)

Deine Hand hat mich ergriffen,
 ich hoffe du lässt mich nicht mehr los.
Wie gerettet von den Rettungsschiffen,
 fühl´ ich mich nun sicher wie auf Mutters Schoß.

Ja, schlimm ist es, in großer Not zu sein,
 das habe ich lang genug nun schon erlebt.
War oft bedrängt, ausgegrenzt, verletzt und auch allein.
Es wird Zeit, dass meine Seele sich endlich mal erhebt.

Du schaust mich an, so gütig,
 ich fühle deine Herzenswärme.
Du bist still und ernst, und doch auch übermütig.
Meine Sorgen, meine Not, rücken sie nun schon in die Ferne?

Mit wie wenig man doch das Herz eines Menschen erfreuen kann.
Ein wenig aufmerksam sein, sich seiner annehmen,
 so kann man die Sorgen anderer schnell erkennen und was dann?
Gib ihm mehr als nur die Hand, lass ihn sich selbst neu erleben.

Schenk ihm von deiner Zeit, denn niemand ist gern allein.
Lass ihn Anteilnehmen an deinem Leben,
 denn wir sollen uns für andere öffnen und ein guter Freund ihm sein.
Dann wird nicht nur ihm, sondern auch dir viel in dein Herz gegeben.

Gerhard Jobs
Braunschweig den 09.01.2017

Ich bin noch einmal davongekommen!

(. . . ich verspreche einen anderen Lebenswandel)

Ich freue mich, kaum kann ich es fassen,
ich bin gesund, die Krankheit ist besiegt!
Der Tod musste diesmal seine Finger noch von mir lassen,
weitere Tage liegen vor mir, die Quelle der Angst ist nun versiegt.

Ich hatte Angst, betete und versprach:
"Bekomme ich noch Zeit? Will ich alles anders machen."
Man freute sich mit mir, an den Tagen danach,
dieser zweite Geburtstag wurde gefeiert, bei Jubel und viel Lachen.

Zu schnell vergisst man, was man in Not gesprochen,
und rasch kehrt der Alltag wieder ein.
Zu schnell hat man sein gegebenes Wort gebrochen.
Warte nur ab, das Schicksal holt dich wieder ein.

Bei allem was du tust , denkst und versprichst,
lass dann wirklich auch die Taten folgen,
so wird man dich schätzen, sodass keiner dich vergißt.
Ja, solches kann deinen Charakter dir "vergolden"!

Gerhard Jobs
Braunschweig den 13.01.2017

Auf dem Weihnachtsmarkt.

Der Duft von Glühwein und Zimt, Bratwurst und frisch zubereiteten Mandeln liegt in der Luft.
Dicht gedrängt geht man an den verschiedenen Auslagen der Stände auf dem Weihnachtsmarkt vorbei. Die meisten Menschen sind fröhlich, sie lachen und scherzen. Man genießt den Trubel und die Ablenkung. Besonders die Kinder sind erfreut über die Vielzahl der Naschereien und der Spendierfreude der Eltern.
Und doch lässt uns die Weihnachtszeit besinnlicher werden, irgendwie, vielleicht auch nur in unserem Unterbewusstsein, sind wir an das Sühnopfer, an die Errettung durch unsern Heiland erinnert. Vielleicht auch erinnert durch eine aufgestellte Krippe auf dem Weihnachtsmarkt, durch einen raschen Blick auf ein Bild des Jesuskindes, das in einem Schaukasten an einer Kirche ausgestellt wurde. Erinnert durch den Text eines schönen Weihnachtsliedes, der das Jesuskind, der Jesus Christus zum Inhalt hat. Und ist er, der Heiland, es nicht, der dem Weihnachtsfest den tieferen Sinn gibt? Der uns Mut macht, an ein Weiterleben nach dieser Erdenzeit zu glauben? Der uns wissen lassen will, dass die vielen Erfahrungen, die wir in diesem Leben gemacht haben, nicht zur Bedeutungsloskeit mit uns in den Staub der Erde versinken werden. Er hat für uns bezahlt, unsere Sünden und Lasten getragen, der Weg zurück in unsere ewige Heimat ist für uns geebnet. Lasst uns für diese besondere Gabe, für dieses selbstlose Geschenk, in unseren Herzen Dank empfinden. Teilen wir doch diese gute Botschaft mit unseren Mitmenschen. Er ist auferstanden und auch wir werden nicht ewig im Staub der Erde ruhen.

Gerhard Jobs
Braunschweig den 07.12.2016

Die Weihnachtsbotschaft

Die wirkliche Weihnachtsbotschaft ist tief unter Keksen, Nüssen und Mandelkern versteckt.
Du musst nämlich nicht nach außen schauen, was Du siehst, sondern in Dein Herz.
Wenn Du dann nach außen schaust, wirst Du deutlich erkennen, dass dort jemand vielleicht nicht nur Kekse, Nüsse, Mandelkern, sondern in Wirklichkeit noch viel mehr benötigt.

Gerhard Jobs
Braunschweig den 23.11.2016

Die Zeit danach!

Die Weihnachtslieder sind verklungen,
die Kerzen brennen schon nicht mehr.
Ja, von der Liebe, von unserem Erlöser haben wir gesungen.
Im Inneren waren wir bewegt, wir freuten uns tatsächlich sehr.

Nun ist er wieder da, der Alltag, den wir bedingt nur lieben
und unsere Herzen sind wieder leer.
Ist denn wirklich nichts von all dem Schönen uns geblieben?
Regt sich in uns kein Hoffnungsschimmer mehr?

Warum haben wir uns unlängst so gut gefühlt?
Was macht den Unterschied zwischen Weihnachten und jetzt?
Was hat die Sorgen, das Alltägliche, aus unserem Inneren gespült?
Was hat uns zuvor so froh gemacht und in so ein Glücksgefühl versetzt?

Macht das Beschenken, die Liebe füreinander, wirklich so viel aus?
Wenn ein Herz zu den anderen sich wendet?
Möchte nun das Innere, das Gute in uns, nach außen dann hinaus?
Ist es das Ewige, das Göttliche, unser eigentliches Ich, dass diese Botschaft sendet?

. . . die **Liebe**, das ist die **Botschaft**, die unser Heiland uns gebracht hat,
das ist das bisschen mehr, das ist das, was wir lernen und begreifen und schenken sollen!

Gerhard Jobs

Braunschweig den 23.11.2016

Das Übungsfeld Familie ist schon etwas Besonderes.

In der Familie erlebt man die Nähe, die man braucht, um die bestmögliche Entwicklung zu nehmen. Man erkennt die Schwächen und Stärken voneinander sehr schnell. Immer wieder ist man dort einer gewissen heilsamen Nähe ausgesetzt. Auch erkennt man sehr schnell die Reaktion der anderen aufgrund ihres Tuns. Darüber hinaus ist man stark dem Verhalten anderer ausgesetzt und ist veranlasst, darauf zu reagieren. Verschiedene Alters- und Entwicklungsstufen umgeben uns, was schon eine gewisse Herausforderung darstellt. Teilen oder auch nicht teilen, das ist oft die Frage. Gemeinschaft pflegen oder ein ichbezogenes Leben führen, wird uns in so einem Familienverband schon abverlangt. Bestimmt hat sich unser Schöpfer etwas dabei gedacht, uns in einer Familie groß werden zu lassen. Den Wert der Familie kann man nicht hoch genug einschätzen.

Hierzu einiges aus dem Leben:

Männer oder Frauen, die nur Spaß haben wollen und sich absichtlich dem Gründen eine Familie entziehen, sind sich ihrer Verantwortung in der Gesellschaft nicht bewusst.
So sind sie wie ein Schiff, das zu einem Restaurantschiff degradiert wurde. Es werden Partys gefeiert, doch es hat sich nicht bewegt und hat niemanden wirklich zu einem Ziel befördert.
Zu der Verantwortung der menschlichen Gesellschaft gegenüber gehört es auch, die Freuden, wie auch die Lasten, die neue Erdenbürger mit sich bringen, zu tragen. Also weiteren Menschen eine Zukunft zu geben, sie heranwachsen und sie die nächste Generation bilden zu lassen.

Mutterschaft und Vaterschaft ist das Wertvollste, was man auf Erden leisten kann, denn nur so ist unsere Zukunft zu sichern. Leider ist dies einigen Menschen durch besondere Lebensumstände, wie auch durch den vorhandenen gesundheitlichen Zustand nicht möglich. Diesen Menschen ist Respekt und liebevolle Zuneigung entgegen zu bringen.
Es ist dem Einzelnen die notwendige Zeit für seine persönliche, berufliche, wie auch gesellschaftliche Entwicklung einzuräumen, allerdings sollte dies nicht die erste Priorität haben.
Das werdende Leben geht vor einer überzogenen Selbstverwirklichung.

Es ist für den Einzelnen auch der persönlichen und der beruflichen, wie auch der gesellschaftlichen Entwicklung Zeit einzuräumen, allerdings sollte dies nicht die erste Priorität haben. Ja, das werdende Leben hat Vorrang vor einer überzogenen Selbstverwirklichung.
Vieles in der Gesellschaft von heute zielt leider darauf ab, der Familie nicht mehr den gebührenden Platz einzuräumen, sie all zu oft als eine Last zu sehen, die einem nur Beschränkungen auferlegt.

Wie schon erwähnt, ist zu bedenken:

Wird die Familie zerstört, hat die Menschheit eine düstere Zukunft.

Gerhard Jobs
Braunschweig den 12.07.2016

Staatsmänner sollten wie gute Mütter sein!

Fürsorglich und umsichtig, ein gutes Beispiel geben, vorausschauend planen, sich der Nöte der ihnen Anvertrauten annehmen und zu ihrem Wohl handeln.

. . . sich für die Staatsbürger einsetzen.

Gerhard Jobs
Braunschweig den 25.06.2016

Wem kann man vertrauen?

Dem, von dem du meinst und dir sicher bist, dass er seine Mitmenschen achtet, um sie besorgt ist und sein Leben dem Herrn, unserm Schöpfer, geweiht hat.

Sei kritisch aber nicht voreingenommen, du könntest jemanden zu schnell verurteilen. Lerne ihn kennen.

. . . nicht immer ist der erste Endruck richtig.

Gerhard Jobs
Braunschweig den 18.05.2016

Ein schönes Leben.

Mühsam krabbelt meine Kleine auf mich zu, den Blick zu mir erhoben.
Ich strecke ihr meine Hände entgegen und mache ihr Mut.
Mühsam richte ich mich auf, den Blick zu ihr, meiner Tochter, erhoben.
Sie erfasst meine Hände, wie gut mir das tut . . .

Dazwischen liegen Jahre, für jeden mit viel Schicksal versehen.
Vieles jedoch konnten wir auch gemeinsam erleben.
Es gab keinen Streit, wir konnten einander gut verstehen.
Wir haben es geschafft, aus manchem Lebenstal uns zu erheben.

Wie schön ist es, als Familie zusammenzustehen.
Nichts kann die heilsame Nähe, die dort herrscht, ersetzen.
Viele Wege durften wir zum Glück auch gemeinsam gehen.
Dort gab es viel Liebe, dort gab es kein Einander-verletzen.

Die Jahre sind eigentlich viel zu schnell vergangen.
Sie war doch meine Kleine, saß oft auf meinem Schoß.
Ich wünsche mir sehr, und dies mit ein wenig Bangen,
dass sie dann bei mir ist und sagt: "Ich sah wie er seine Augen schloss."

. . . sie schaute mich an, und langsam ließ sie meine Hände los.

Gerhard Jobs
Braunschweig den 17.01.2017

... gib von deiner Kraft!

So wie die Sonne nun schon höher steigt
                    und wir ihre Kraft verspüren können,
so sollten auch wir uns erheben und unsere Kraft und Energie
anderen Menschen zur Verfügung stellen,
          . . . damit das Gute auf der Erde zu finden ist.

Gerhard Jobs
Braunschweig den 15.12.2016

Ist das Leben so schwer?

Sich beklagen und jammern ohne wirklichen Grund macht nur
Sinn, wenn Du einen Dummen findest, der Dich bemitleidet.
Suche lieber nach Lösungen für Dein Problem, dann hast Du
Deine Zeit sinnvoll genutzt.
- - - oder schau auf Menschen, denen es schlechter geht als Dir.

Gerhard Jobs
Braunschweig den 11.03.2016

Wer sagt dir, dass du Recht hast!?

Deine Erziehung, deine Erfahrung, deine Art zu leben sind die Grundlagen für deinen Maßstab, Dinge in dieser Welt zu beurteilen. Ob du nun Personen oder Handlungen beurteilst, du kannst und wirst nur von dem ausgehen, was du für richtig hältst und was dich deinen Maßstab hat finden lassen. Somit ist deine Grundlage, dein Maßstab, aufgrund dessen du etwas beurteilst, einer Entwicklung unterworfen, also nicht abgeschlossen und somit auch nicht endgültig. Noch schlimmer ist es zum Beispiel damit einen Menschen in eine entsprechende Schublade zu stecken. Kennst du denn seine Erziehung, Lebenserfahrung, seine Beweggründe, sein Schicksal? Angenommen du hättest wirklich Recht, und wer kann überhaupt sagen was recht ist, so kannst du nur den Augenblick, den momentanen Zustand einer Person bestimmen. Denn auch diese Person kann sich entwickeln, verändern, zum Guten oder zum Schlechten.
Wir sehen daran, wie notwendig es ist, dass das Beurteilen, schlimmer noch das Richten, nur einem überlassen werden kann, der wirklich alle Parameter kennt und sie zu seiner Beurteilung heranziehen kann. Kurz gesagt, die Fähigkeit und Macht dazu hat nur Gott. Daher ist es richtig, dass die Heilige Schrift sagt: "Wir sollen nicht richten." Und doch müssen wir mit dieser Halbwahrheit, nur bedingt beurteilen zu können, leben. Kann man überhaupt leben ohne zu beurteilen?
Zum Leben gehört es, Personen, Vorgänge und vieles mehr einzuschätzen. Wo bliebe unsere Sicherheit? Wie würden wir sonst Erfahrungen sammeln und unserem Leben eine Richtung geben, wenn wir das Geschehen um uns herum, nicht ständig beurteilen, abgleichen und unsere Schlüsse daraus ziehen würden? Es gilt sehr vorsichtig und einfühlsam mit seinem Umfeld umzugehen. Auch müssen wir davon ausgehen, dass andere uns mit ihren Möglichkeiten, ihren Fähigkeiten, Menschen und Werte zu erkennen, beurteilen werden. Vielleicht noch eine gewonnene Erkenntnis, die sich da aufdrängt:

Versuche dein Umfeld, deine Mitmenschen, Geschehnisse und Handlungen gut kennenzulernen. Willst du dir also ein genaueres, ein besseres Bild machen, musst du Zeit, Lernbereitschaft, viel Verständnis, und bestimmt noch vieles mehr mitbringen. So werden vielleicht Härte, unnötige Missverständnisse, manche voreilige Handlungen vermieden und wir hätten wahrscheinlich eine bessere Welt.
Und wenn wirklich etwas falsch gelaufen ist, sollte man den Mut aufbringen, den Fehler zu korrigieren und sich dann auch entschuldigen.

Gerhard Jobs
Braunschweig 07.01.2017

Wer weiß, was da noch kommen mag?

Wenn du dich auf das Schlimmste vorbereitest,
        kann dich nichts unangenehm überraschen.

Gerhard Jobs
Braunschweig 07.01.2017

Der, der nicht gemocht wurde!
(gemieden und gemoppt)

Haben sie Dich wieder geärgert, belächelt und verspottet?
Haben sie es wieder einmal auf Dich abgesehen?
Sich als Mehrheit, feige gegen dich zusammengerottet?
War da kein mutiger, nicht einer, der wollte zu dir stehen?

Versuche Du nicht ihnen zu gefallen,
ändere ihretwegen nicht dein Leben.
Werde nicht zu einem ihrer Vasallen.
Versuche aber auch nicht, es ihnen zurückzugeben.

Sei freundlich, sei stets höflich, lass dich nicht provozieren,
 zeige ihnen, dass das, was sie dir tun, Dich kaum berührt.
Gehe Du unbeirrt deinen Weg, lass Dich vom Guten motivieren.
Und Du wirst sehen, dass das Interesse an Dir sich bald verliert.

Vieles im Leben muss man aushalten und ertragen,
und das ist es auch, was Dir deinen Charakter hat so werden lassen.
Ein anderer ist es eines Tages, der Dir dann wird sagen:
"Ich habe es erlaubt, dass Du herausragst aus den unachtsamen Massen."

. . . ein leichtes Leben ist nicht unbedingt das, was dich zu deiner wirklichen Größe führt.

Gerhard Jobs

Braunschweig den 22.11.2016

Wer ist es, der da vor dir steht?

Wenn dir jemand die Hand reicht, weißt du noch nicht, ob er dich nach oben oder nach unten ziehen will. Sieh ihn dir genau an und schau, wo er steht, bevor du ihm die Hand reichst, es könnte sonst für dich schlimm ausgehen.

Gerhard Jobs
Braunschweig 07.01.2017

Wer ist es, der da vor dir steht?

Sei kritisch aber nicht voreingenommen, du könntest jemanden zu schnell verurteilen. Lerne ihn kennen.
. . . nicht immer ist der erste Eindruck richtig.

Gerhard Jobs
Braunschweig 02.02.2017

. . . jemanden kennenlernen.

Mit jedem Buch, das du liest, liest du auch in der Seele des Autors.
Willst du jemanden kennenlernen, laß ihn ein Buch schreiben.

Gerhard Jobs
Braunschweig 10.02.2017

Warum das alles?

Die Zahl der Einbrüche steigt,
der Handel mit den Drogen blüht.
Auf dem Boden liegend wird noch nach ihm getreten,
in einer Menschenmenge sprengt man sich in die Luft.
Im Wirtschaftsleben wird gelogen und betrogen.
Die Tradition der Familie ist schon fast zerstört.
Und all dies Viele nur, weil keiner auf Gott mehr hört.

Wo sind geblieben: die Ehrlichkeit, der Respekt vor dem
Nächsten, die Nächstenliebe?
Es sind doch nicht alles schlechte Menschen, Ehebrecher oder
Diebe?
Lasst sie uns wieder pflegen, die guten Werte, wie sie in der
Bibel stehen.
Wir wollen in dem Nächsten nur ein Kind Gottes sehen,
dann kann man wieder sorglos durch die Straßen gehen.

Fang bei dir an, verpflichte dich, das Gute nur zu tun.
Jeder kann wieder ruhig schlafen, sorglos ruhn.
Man denkt wieder nach, um die Welt etwas zu verbessern,
um den zarten Spross der Nächstenliebe zu bewässern.

Was auf der Welt geschieht,
liegt doch überwiegend in unserer eigenen Hand.
Sorgen wir dafür, dass die Kraft zum Guten in uns erblüht.
Und wieder ist Frieden und Wohlstand in jedem Land.

Gerhard Jobs
Braunschweig den 17.01.2017

Oma ich liebe dich! Opa ich liebe dich!

Als ich Jugendlicher war, ging ich so oft wie möglich zu meinen Großeltern, aber erst, nachdem ich meine Schularbeit gemacht hatte, denn dies hatten meine Eltern zur Bedingung gemacht. Bei ihnen war es gemütlich, sie hatten immer Zeit für mich, auch konnten sie mir viel Spannendes aus ihrem Leben erzählen. Nicht vergessen möchte ich zu erwähnen, dass es auch Süßigkeiten gab, allerdings wohl dosiert, wie ich heute vermute, sicherlich mit meinen Eltern abgesprochen.
Ja, es war an einem schönen Nachmittag. Ich saß neben meinem Opa, der mir von einem seiner Erlebnisse erzählte, während Oma in der Küche dabei war, für uns einen kleinen Kuchen zu backen. Als er sagte: "Dieses Ereignis, dieses Erlebnis, sollte ich dir doch noch erzählen.
Du bist schon dreizehn Jahre alt, somit alt genug, sodass du dir über folgendes Gedanken machen könntest.
Es war vor langer Zeit, der Zweite Weltkrieg war vor einigen Jahren zu Ende gegangen, zu essen gab es nun schon mehr, wenn es auch nicht sehr abwechslungsreich war.
Mein Vater, dein Urgroßvater, arbeitete in der Landwirtschaft, denn in seinem Beruf gab es kaum Arbeit und irgendwie musste die Familie ja auch ernährt werden.
Zu Weihnachten und an meinem Geburtstag gab es kaum Geschenke, oft war es nur altes Spielzeug, das wieder aufgearbeitet worden war oder von Vater und Mutter, deinen Urgroßeltern, selbst hergestellt wurde.
Dies veranlasste mich gelegentlich schon, wenn ich feststellte, das andere neues, besseres Spielzeug erhalten hatten, mich zu beklagen. Meistens wurde ich dann liebevoll von meinen Eltern, deinen Urgroßeltern, in den Arm genommen und mir wurde erklärt, dass sich unsere Familie nicht mehr leisten könne.
Ich konnte nun besser mit der Situation umgehen. Ich fühlte, dass ich geliebt wurde.

Ein anderes Mal, als ich schon älter war, gab es einen Vorfall, der mich sehr entmutigte, wo ich mit meinem Leben haderte.
Da erzählte mir mein Vater, dein Urgroßvater: "Behalte Mut auch in schwierigen Situationen!
Lebensmut und Hoffnung gaben uns die Kraft, auch in den Zeiten des Krieges, die Familie zusammenzuhalten und sogar durch deine Geburt unsere Familie zu vergrößern.
Wer hätte denn schon in solchen Zeiten noch Kinder in die Welt setzen wollen? Dass ich erleben durfte, dein Großvater zu sein, verdanke ich meinen Eltern, deinen Urgroßeltern, die neuem Leben eine Chance gegeben hatten.
Nun sind dein Vater und deine Mutter, Opas und Omas Kinder, und du bist auf dieser herrlichen Welt und lebst in einer viel besseren Zeit. Man darf keine Angst haben, das Leben geht irgendwie immer weiter, denn es gibt jemanden, der letztlich das Schicksal der Menschen und das sind seine Kinder, in seinen Händen hält. Du weißt schon, wen ich meine. Letztlich sind wir nie ganz allein. Du musst nur Lebensmut und Glauben an eine Zukunft haben. Außerdem ist Reichsein, alles zu haben, nicht der einzige, wirkliche Wert des Lebens, auch wenn es sich offensichtlich damit besser leben lässt. Aber wirkliches Glück und tiefes Wohlempfinden hängen von vielen weiteren Faktoren ab. Somit ist Geld nur ein Faktor. Denke an Gesundheit, ein gutes Elternhaus, eine gute Ausbildung, Selbstwertgefühl und Erfolg, der möglichst durch eigene Anstrengungen erreicht werden sollte. Sei dankbar und glücklich für das, was du hast, und schau nach Menschen die weniger haben als du. Vielleicht kannst du sie oder deren Kinder erfreuen.
Ein wenig begann ich zu begreifen, was Opa mir damit sagen wollte.
Unser Lebensgefühl, ja selbst unsere Zukunft, können wir zum Großteil selber bestimmen. Man muss nicht nur auf sich einwirken lassen, man kann auch selber agieren.
Bei fast allen Gesprächen, die wir hatten, versuchte er mich zum Nachdenken anzuregen, mich für das Gute zu interessieren.

"Hast du bemerkt, wie viel Gutes deine Eltern für dich tun? Denke an Kleidung, Nahrung, Spielzeug, gemeinsame Urlaube und vieles, vieles mehr. Und wie viel Zeit sie für dich haben, damit du ihnen deine Freuden, deine Sorgen mitteilen kannst?
"Ich war nicht immer liebevoll oder besonders großzügig.
Es war an einem Montag, ich erinnere mich noch genau daran, denn es war Waschtag und meine Mutter hatte viel zu tun. Eine Waschmaschine gab es nicht, alles musste mit der Hand gewaschen werden. Um keine Zeit zu verlieren, bat mich meine Mutter nach Schulschluss noch ein Brot vom Bäcker mitzubringen. Ich kaufte das Brot und für das restliche Geld, für 20 Pfennige, Bonbons. Auch hatte ich nicht die rechte Lust zu helfen und meine Bonbons musst ich ja auch noch aufessen. So verging einige Zeit.
Zuhause angekommen, sagte ich: "Es war sehr voll beim Bäcker, darum hat es so lange gedauert. Außerdem ist mir etwas Schreckliches passiert, ich habe das restliche Geld verloren und habe danach gesucht." Mutter sagte zwar, ich solle doch in Zukunft besser aufpassen, letztlich war sie mir nicht böse.
Ich fühlte mich nicht gut. Ich hatte gelogen und das Restgeld veruntreut. Zu sagen wagte ich nichts, denn das hätte bestimmt Ärger gegeben. Ich war in den nächsten Tagen besonders lieb zu meinen Eltern, denn mein schlechtes Gewissen quälte mich.
Ich war so hilfsbereit, dass das meinen Eltern auffiel.
Mutter sagte zu mir: "Hermann, was ist los mit Dir, Du bist so hilfsbereit und so lieb, ein besseres Kind könnte man sich gar nicht wünschen." Ich schwieg, letztlich stiegen mir Tränen ins Gesicht.
Nach einer kurzen Pause sagte ich: "Ich bin nicht gut, ich bin unehrlich und feige."
Ich sah zu Boden, dann meine Mutter an und sagte die ganze Wahrheit. Wortlos kann sie auf mich zu, nahm mich in den Arm und sagte zu mir: "Ich freue mich, dass du dich überwunden hast, die Wahrheit zu sagen. Durch die Hilfsbereitschaft, die du

in den letzten zwei Wochen gezeigt hast, hast Du deine Schuld schon abgearbeitet."
"Danke, dass du mir verziehen hast, obwohl ich eigentlich Strafe verdient habe. Ich verspreche, das wird nicht wieder vorkommen."
Dieses Versprechen habe ich wirklich gehalten. Ich habe gelernt meine Gefühle und Wünsche mitzuteilen und gelegentlich konnten sie auch erfüllt werden.
Was so ein "in den Arm nehmen" doch alles bewirken kann!

Opa liebte ich für seine geschilderten Geschichten und seine mir erzählten Erlebnisse. Oma mehr für die Leckereien, die sie so liebevoll zubereitete. Auch dafür, mir geduldig zuzuhören.

Gerhard Jobs
Braunschweig den 06. 02.2017

Ja oder Nein?

Ein Nein ist etwas Gutes, wenn das Ja dich schädigen, verletzen, oder gar zerstören würde!
... dass Nein spielt bei der Erziehung eine ebenso große Rolle wie das Ja.

Gerhard Jobs
Braunschweig den 15. 02. 2017

Hast du schon so gefühlt oder gedacht?

Der Alltag kann dich schon sehr nerven und ermüden.
Das Tagwerk, selbst der Umgang in der Familie,
ist nicht nur Freude, kann gelegentlich dich schon betrüben.

Geld ist doch immer viel zu wenig da,
zu leicht kann darüber Streit entstehen.
Und man fühlt sich nicht mehr wohl, einander nicht mehr nah.

Hätte ich bloß nichts gesagt,
wann werde ich schon recht verstanden?
Hätte ich mich einfach nicht beklagt.

Schluck es einfach runter, als wär´ es Medizin.
Wer kann dich verstehen? Wer weiß schon, was du fühlst?
Und frag bloß nicht immer nach des Lebens Sinn.

Doch man kann es auch anders sehen:
Die Familie ist das Beste was du hast. Wärst du allein, hättest du nur andere Sorgen.
Das Geld wird nicht mehr, wenn ihr streitet, man muss es richtig einteilen.
Wenn du nichts sagst, du dich nicht öffnest, wird man dich nie verstehen.
Wenn du alles herunterschluckst und dich nicht äußerst,
kann dich auch keiner trösten oder helfen.

Gerade diese alltäglichen Herausforderungen geben dem Leben einen Sinn und den Menschen die Gelegenheit einander zu lieben und nahe zu sein.

Gerhard Jobs
Braunschweig den 06. 02.2017

Wer ist er ?

Willst Du jemanden verstehen, musst du zuhören.
Willst du jemandes Wert erkennen, musst du mit ihm gemeinsam Arbeit verrichtet.
Willst Du jemanden Charakter kennenlernen, musst du ihn in Extremsituationen erleben.

Ja, willst Du wirklich wissen wie jemand ist, wer er wirklich ist und wie er zu dir steht?

Das erkennst du, wenn er in eine Situation kommt, wo er seine Haut retten muss, dann siehst du seinen wahren Charakter.

Wenn sich jemand um dich bemüht, erkennst du dadurch seinen wahren Charakter noch nicht, erst wenn du den Hintergrund seiner Motivation für sein Bemühen wirklich erkannt hast, wird dir der Wert seines Charakters bewusst.

Gerhard Jobs
Braunschweig den 06. 12.2016

Kenntnisse besitzen, bedeutet auch Verpflichtung.

Haben wir Kenntnisse vom Evangelium, dem Wort Gottes erhalten, so wissen wir, was Gott von uns erwartet. Darin liegt auch eine Verpflichtung. Jeden Vorteile den Gott uns gewährt, sollte uns veranlassen, auch unseren Mitmenschen Vorteile zu gewähren.

Gerhard Jobs
Braunschweig den 09. 02. 2017

Schönheit!

Die Schönheit vergeht, die Eitelkeit verweht,
nur wenn du Gottes Nähe und die lieber Menschen gefunden hast, dann . . .
spielen das Äußere und das Beliebt- und Bewundertsein, keine Rolle mehr.

Gerhard Jobs
Braunschweig den 08. 05. 2016

Willst Du siegen?

Der schnelle Starter, wird nicht unbedingt der Sieger sein. Beharrlichkeit, bzw. ein gutes Einteilen seiner Kräfte, führt oft zum Sieg.

Gerhard Jobs
Braunschweig den 08. 05. 2016

. . . einer mehr oder einer weniger, kommt es überhaupt darauf an?

Oft sind wir dabei zu unbedacht oder zu großzügig,   . . .
solange es uns nicht betrifft.

Gerhard Jobs
Braunschweig den 12. 07. 2016

Ratschläge!

Lieber weniger gute Ratschläge,
    dafür lieber mehr gute Taten,
        die machen Deine Ratschläge glaubwürdig.

Gerhard Jobs
Braunschweig den 10. 08. 2016

Addition

Addition bedeutet nicht unbedingt Vermehrung, es kommt auf den Wert der einzelnen Komponenten an. $(+1) + (-1) = 0$

Eine scheinbar gute Tat muss nicht immer eine gute Tat sein, sie könnte sich als Nachteil für dich erweisen. Somit hast du zwar mehr erhalten und doch verloren.

Gerhard Jobs
Braunschweig den 14. 12. 2016

Haben Sie noch Träume?

So gehören Sie zu den glücklichstenen Menschen.
Sie haben mit das Wertvollste gefunden, was das Leben zu bieten hat: Innere Ruhe, Gottvertauen, und Visionen für Ihre Zukunft.

Und bestimmt hält die Zukunft noch viel Aufregendes für Sie bereit.

Sobald Sie merken, dass Sie anfangen Ihre Träume zu verlieren, sollte das für Sie ein Warnsignal sein und Sie sollten sich erneut nach dem Sinn Ihres Lebens fragen.

Wenn Sie keine Träume mehr haben, müssen Sie handeln, denn Ihre Zukunft sieht nicht sehr rosig aus.

… denken sie positiv, tun sie ihren Mitmenschen Gutes, sehen sie sich selbst nicht zu kritisch, bleiben sie aktiv, das läßt sie wieder Träume haben.

Gerhard Jobs
Braunschweig den 07. 01. 2017

Warum erhört Gott uns nicht immer?

Wenn Gott alle unsere Wünsche erhören würde, brauchten wir keinen Gott mehr   … würde der Mensch meinen!

Gerhard Jobs
Braunschweig den 11. 02. 2017

Was mir beim Warten alles so einfiel!

Es erging mir wie vielen anderen auch, ich konnte erst am Samstagvormittag einkaufen gehen. Natürlich ein schlechter Zeitpunkt, denn viele wollen für das Wochenende noch das Notwendige besorgen. Ich hatte meinen Einkaufswagen schon gut gefüllt und begab mich auf den Weg, um mich an eine der langen Schlangen anzustellen.
Nun begann es in meinem Kopf zu arbeiten. Welche Schlange ist die kürzeste? Wie viel Waren befinden sich bei den Personen in den Körben vor mir. Welche Menschen stehen vor mir in der Schlange. Sind sie jung oder alt, werden sie bar bezahlen oder mit Karte? Auch passiert es Männern öfter, dass sie die Ware nicht ausgewogen haben und die Kassiererin muss noch einmal losgehen, um die Ware auszuwiegen. Was für eine Person sitzt an der Kasse? Ist es ein Mann oder eine Frau? Und schon begann ich Erfahrungswerte einzubauen. Frauen, die die Kasse bedienen, sind meistens schneller. Auch sah ich mir die Personen an der Kasse sehr genau an. Da ich hier schon öfter eingekauft hatte, wusste ich zum Beispiel, dass diese dort eine Auszubildende ist, mit noch etwas weniger Erfahrung, die noch öfter für einige Artikel die Preise erfragen musste.

Was leider schwer einzuschätzen ist und die ganze Planung durcheinander werfen kann, ist, wenn eine Person, zum Beispiel der Mann, an der Kasse steht und die Frau noch mit einer größeren Menge an Waren dazukommt und es zusätzlich auf das Band legt. Sollte einem vielleicht doch aus Versehen der Sahnebecher herunterfallen und aufplatzen, dann brauchen wir uns keine Gedanken mehr zu machen, in welcher Schlange man steht.

Letztlich ergeht es einem so, wie es in einem bekannten Lied ausgesagt wird "Das man immer in der falschen Schlange steht". Und trotzdem macht es mir sehr viel Spaß, diese kleinen Kombinationen anzustellen. Wobei es mich letztlich nicht stört, ob ich die schnelle oder langsame Schlange erwischt habe. Ich liebe solche Gedankenspiele. Vielleicht werden Sie nach diesem kleinen Artikel ebenfalls beim Aussuchen, an welcher Schlange Sie sich anstellen werden, auch gewisse Kombinationen anstellen.

Allerdings nehmen Sie alles das nicht zu ernst. Schon mehrmals ist es vorgekommen, dass man beim Warten in der Schlange nette Gespräche führen konnte. Dann hätte die Schlange sogar noch länger oder das Vorankommen langsamer gehen können. Ich sage einfach: "Das Leben ist schön."

Gerhard Jobs
Braunschweig den 23.02.2017

Was wird das Jahr 2017, oder 18, 19, ...
uns bringen?

Im Winter ist zu erwarten, dass Kälte vorherrscht, dass die Wege schwerer zu befahren sind und dass überall mit Glätte gerechnet werden muss. Man muss sich vorsichtig bewegen, damit man nicht ausrutscht und hinfällt. Sich auch warm zu bekleiden, ist sinnvoll.
Und wie sieht es in unserem Leben aus? Herrscht dort nicht auch in vielen Fällen eisige Kälte?
Oft ist dort auch keiner, der verhindert, dass man nicht hinfällt. Wann wird einem schon der Arm um die Schultern gelegt?
Dabei ist es doch gar nicht so schwer, anderen etwas Aufmerksamkeit entgegenzubringen, auf seine Mitmenschen zuzugehen und ein wenig Herzenswärme zu zeigen.
Wenn wir Menschen dichter zusammenrücken, einander mehr Beachtung schenken und am Schicksal anderer Anteile nehmen, ist vielen geholfen. Solche Nähe spendet Wärme im „kalten Tagen", physisch wie auch seelisch (emotional).
Möge es uns gelingen, aus den Jahren 2017, 18, 19, ... jeweils ein gutes Jahr für alle zu machen, die in unserer Nähe sind.
Wärme entsteht unter anderem, in dem man sich bewegt, so lasst uns viel „Wärme" erzeugen, uns für das Gute einsetzen.
In diesem Sinne wünsche ich uns erst einmal ein erfolgreiches Jahr 2017 und viele weitere.

Gerhard Jobs
Braunschweig den 10. 01.2017

Jedes meiner Bücher hat seinen eigenen "Charakter"

Lieben Sie es besinnlich? Romantisch? Mögen Sie es über ausgefallene Ideen und Gedanken nachzudenken?
Nicht nur im alltäglichen Allerlei zu verbleiben, dann könnte Sie vieles davon in meinen Büchern erleben. z.B in:

"Gedankensplitter"

"Liebe, Hoffnung, Verständnis und Dankbarkeit

. . . lassen uns leben."

„Die Treppe zur Ausgeglichenheit,

zum Erkennen der wirklichen Werte im Leben"

„Nicole, eine besondere Frau?"

Einfach nur im Buchhandel oder im Internet, z. B. bei BoD - - - - bestellen.

Weitere Informationen zu den Werken und zur Person des Verfassers sind unter   WWW.jobs-geometrie-natur.de   für Sie bereitgestellt.